Das Medizinrad als Schlüssel zum Glück
Teil 6

*Für alle meine Leserinnen und Leser,
die dieses Buch auf irgendeine Art mitgeschrieben haben,
ohne es zu wissen*

Rita Kasparek

Das Medizinrad
als Schlüssel zum Glück Teil 6

Vier Wege und Wandlungspunkte
zur Wunscherfüllung

*Bibliografische Information der Deutschen Nationalbibliothek:
Die Deutsche Nationalbibliothek verzeichnet diese Publikation in der
Deutschen Nationalbibliografie; detaillierte bibliografische Daten sind
im Internet über http://dnb.dnb.de abrufbar.*

Illustration: Rita Kasparek
Bildnachweis Titelseite: Leonie Zell

Herstellung und Verlag: BoD – Books on Demand, Norderstedt

ISBN: 9 783 756 214 716

Hinweis

Das vorliegende Buch ist sorgfältig erarbeitet worden. Dennoch erfolgen alle Angaben ohne Gewähr. Die Autorin kann für eventuelle Nachteile oder Schäden, die aus den im Buch gemachten praktischen Hinweisen resultieren, keine Haftung übernehmen.

Inhaltsverzeichnis

Vorbemerkungen zum sechsten Band

Ihr lieben Medizinradfreundinnen und -freunde!

Sicher seid ihr inzwischen einmal, vielleicht schon mehrmals im großen Kreis gegangen, um euch von der zauberhaften Welt berühren zu lassen, die uns Sun Bear in seinen Visionen hinterlassen hat. Ihr kennt eure Geburtsposition, lebt froh und gelassen im Fluss der Jahreszeiten, begegnet euren Geschwistern, den Steinen, Pflanzen, Tieren und Menschen respektvoll und mit größtmöglicher Liebe. So manche eurer Wünsche sind bereits in Erfüllung gegangen, oder ihr arbeitet gerade daran.

Wie schön, dass Ihr euch darauf einlassen wollt, noch ein wenig gründlicher und tiefer der Mitte, dem Zentrum unseres Seins, nachzuspüren. Sun Bear nennt die Wege, die von den vier Geisthütern aus zum Zentrum führen, Pfade der Seele. Im Medizinrad Praxisbuch von Sun Bear, Wabun Wind, Crysalis Mulligan (s. Literaturverzeichnis) findet ihr viel Wissenswertes zu diesem Thema.

Die Arbeit mit euch, eure Inspiration, eure Fragen und v. a. eure liebevollen Antworten, lächel, haben mich dazu bewogen, dieses Büchlein zu verfassen.

Möge unser Alltag durchdrungen werden von dem Geist der Gemeinschaft und der Zugehörigkeit, so dass wir weiterhin das Leben hier auf der Erde in Freude und gegenseitiger Achtsamkeit genießen dürfen, zusammen mit unseren Brüdern und Schwestern, den Pflanzen und Tieren.

So lasst uns jetzt liebevoll aufeinander zugehen, hin zum Zentrum allen Seins!

Überblick

Wie bereits gewohnt, legst Du das Medizinrad selber aus, z.B. mit Steinen oder Muscheln.

Der beigefügte Plan hilft Dir, die gesuchten Positionen leicht aufzufinden.

Legeplan

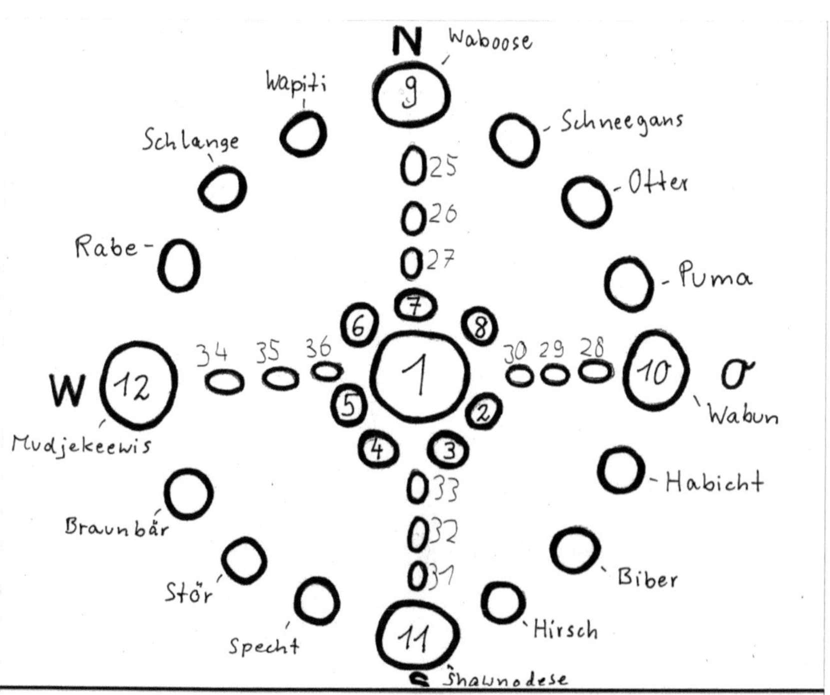

Aufbau des Buches

Im Teil Eins gehen wir gemeinsam die vier heilenden Wege.

*Dabei beginnen wir wie gewohnt im Winter (22. Dezember bis 20. März), also im Norden bei Waboose (Stein Nr. 9).
Du kannst, vielleicht auf Grund Deiner Geburtsposition, auch zu einer anderen Jahreszeit mit dem Üben anfangen.

*Im Frühling (21. März bis 20. Juni) stellst Du Dich an den Stein des Ostens, Wabun (Nr. 10).

*Im Sommer (21. Juni bis 22. September) wählst Du als Ausgangspunkt den Stein von Shawnodese (Nr. 11).

*Im Herbst (22. September bis 21. Dezember) lässt Du Dich von Mudjekeewis, dem Hüter des Westens (Nr.12) anleiten.

(Literaturhinweis: Die vier geistigen Hüter haben wir im Band 1 „Innenschau" bereits genauer kennengelernt)

Teil Zwei befasst sich mit den Übergängen von einer Jahreszeit zur nächsten. Für Menschen, die zwei bis drei Tage vor Winter- oder Sommersonnwende, bzw. vor der Tagundnachtgleiche im Frühling oder im Herbst geboren sind, wird diese Position ausschlaggebend sein, um ihre Geburtsstellung besser zu verstehen und schätzen zu lernen. Für jede/n von uns bedeutet der Eintritt in die neu beginnende Jahreszeit die Chance, unsere Herzenswünsche genau zu formulieren, frischen Mut zu fassen und Fortschritte zu dokumentieren.

Teil Drei verbindet uns noch tiefer mit unseren Herzenswünschen. Die Innenwege helfen uns dabei, unsere Ziele leichter zu erreichen.

<u>Vom passenden Zeitpunkt</u>

Höre auf Dein Herz! Du wirst wissen, wann Dich das Medizinrad ruft. Günstig sind immer die Morgenstunden, wenn der Tag noch unberührt vor Dir liegt. Sollte dies nicht in Deinen Arbeitsablauf passen, wählst Du den für Dich passenden Moment. Achte auf einen wiederkehrenden Rhythmus! Irgendwann fügt sich das Umrunden des Kreises so selbstverständlich in Dein Leben ein wie Essen und Schlafen.

Natürlich gibt es auch viele Anlässe außer der Reihe. Denn zum Medizinrad kannst Du alles tragen: Kummer, Leid und Anklage, Deine Freude und Deine Dankbarkeiten. Hier hat alles seinen Platz, jeder Mensch, jedes Tier, jede Pflanze, jeder Stein.

Werde Dir bewusst, dass die ganze Welt einen einzigen Medizinkreis bildet!
Was immer Dich beschäftigt, ein Lächeln auf Deine Lippen zaubert, Faszination ausübt, es ist Teil dieses großen Kreises und somit ein helfendes Symbol, eine Antwort auf Dein Fragen und Hoffen. Es ist der Platz, wo Deine Wünsche sich erfüllen und wahr werden.

<u>Vorbereitung</u>
Stelle Dich zum nördlichsten Stein (Nr. 9) mit Blick zum großen Schöpferstein und frage respektvoll um Erlaubnis, am Medizinrad anwesend sein zu dürfen!
Bitte Waboose, den geistigen Hüter des Nordens, Dir schützende Kraft zu schenken und Dich zu begleiten! Umkreise nun das Rad im Uhrzeigersinn, immer die Augen zur Mitte gerichtet!

<u>Geburtsposition</u>

Wie gewohnt, darfst Du als erstes Deine Geburtsposition aufsuchen und begrüßen.

Winter:
    Schneegans: 22. 12. – 19. 1.
    Otter: 20. 1. – 18. 2.
    Puma: 19. 2. – 20. 3.
Frühling:
    Habicht: 21. 3. – 19. 4.
    Biber: 20. 4. – 20. 5.
    Hirsch: 21. 5. – 20. 6.
Sommer:
    Specht: 21. 6. – 22. 7.
    Stör: 23. 7. – 22. 8.
    Braunbär: 23. 8. – 22. 9.
Herbst:
    Rabe: 23. 9. – 23. 10.
    Schlange: 24. 10. – 21. 11.
    Wapiti: 22. 11. – 21. 12.

Sprich hier, beim Totem Deiner Geburt ein erstes aufrichtiges DANKE! Dadurch wirst Du Dich sicher geerdet fühlen. So bist Du für den weiteren Weg GUT gerüstet.

Umrunde das Medizinrad ein weiteres Mal und halte wieder im Norden bei Waboose.

Richte nun den Blick zur Mitte!
Wir beginnen voller Liebe und in dem Wissen, dass wir und alle, die wir im Herzen tragen, uns HIER und JETZT dazu bereit machen, endlich unsere Sehnsüchte stillen zu dürfen und auszuheilen. Namaste

Jeder geistige Hüter zeigt Dir den Weg zur göttlichen Mitte.
Nun darfst Du entscheiden:
Welches Thema steht bei Dir an?
Was möchtest Du bearbeiten?
Wo liegen Deine Bedürfnisse, Interessen, Deine großen Dankbarkeiten?
In welcher Himmelsrichtung erwartet Dich der große Geist,
der Dich FINDEN lässt, was Du schon so lange suchst?

Der Weg des Nordens schenkt Dir Heilung Deiner körperlichen, physischen Belange. Hier findest Du Gesundheit, Erfolg und Freude im Beruf, finanzielle Sicherheit, den für Dich geeigneten Wohnraum, schlichtweg die Erfüllung Deiner irdischen Bedürfnisse.

Der Weg des Ostens zeigt Dir, wie Dein Geist geheilt werden kann. Hier lernst Du, Deine Gedanken zu meistern und so zu nützen, dass Du all Deine Ziele erreichen kannst. Werde eins mit der Gedankenfülle des Universums!

Der Weg des Südens heilt Deine Gefühle und bringt Dein inneres Potential zur Entfaltung. Das Kind in Dir darf wieder lebendig sein und in die spielerische, erschaffende Freude eintauchen. So werden Beziehungen befriedet, stabilisiert und Du findest zu einer Dich und andere nährenden Gemeinschaft.

Der Weg des Westens führt Dich zu Deiner wahren inneren Mitte. Du erfährst, wo Du herkommst und wohin Du gehst. So beantworten sich die drängenden Fragen nach Sinn, Spiritualität und heilsamem Wachstum.

Beginne JETZT zu Deinem Wohl und zum Wohle aller!

Weg des Nordens: Erster Schritt - Reinigung

Waboose
= Hüter des Nordens
©Michaela Sommerfeld

Waschbär
CC-BY-SA-2.5
Hedwig Storch

Sodalith

Roter Sonnenhut =
Echinacea

Baldrian
Pixabay Jürgen Köditz

Crab apple = Holzapfel
CC-by-SA-3.0 H. Zell

Holly = Stechpalme
Public Domain Leo Michels

Küchenschelle
Pixabay LoggaWiggler

Hirtentäschel
P.D. Leo Michels

Primel

Lavendel

Brunnenkresse
P.D. Leo Michel

Waboose - Hüter des Nordens

Waboose begegnet uns in der Gestalt eines mächtigen weißen Büffels als treusorgender Vater und lebensspendende Mutter. Dieser Geisthüter ist eng verbunden mit unserer Mutter Erde.

Büffel: Public Domain

Wenn Du also im Norden um die Ausheilung Deiner irdischen Nöte und Sorgen bittest, findest Du hier den perfekten Ansprechpartner.
Waboose unterstützt mit seiner gütigen, nährenden Kraft alle drei nach innen weisenden Zeichen.

Der kleine Waschbär kann also jederzeit zu Waboose kommen, um aufzutanken, wenn ihm die tägliche Reinigung und die damit verbundenen Loslassprozesse einmal zu mühsam erscheinen.

Das Thema des Waschbären

Du findest den kleinen munteren Gesellen am klar fließenden Wasser.
Sieh nur, wie freundlich er Dir in die Augen schaut!
Er sagt:

Hallo, schön dass Du da bist!
Hier gibt es jede Menge zu tun!
Waschen ist wirklich meine Leidenschaft!
Du kannst gleich anfangen und mitmachen.
Spür nur, wie das saubere Nass durch unsere Hände rinnt!
Wie sauber alles wird!
Wie frisch es duftet!
Wie alles glänzt!

Was hat Dich bisher abgehalten, Ballast loszulassen
und mit einer gründlichen Reinigung zu beginnen?
Am ersten Stein des nördlichen Seelenpfades erfährst Du,
wie viel Vergnügen es macht,
Vergangenes zu verabschieden.

<u>Die erlösende Kraft der Reinigung</u>

Bist Du schon lange oder sogar chronisch krank? Möchtest Du gerne abnehmen oder Zwänge und Süchte hinter Dir lassen?
Der Waschbär zeigt Dir, Veränderung ist möglich und gelingt leichter, als Du bisher glaubtest. Dieses Mal machen sich Ausdauer und guter Wille mehr als bezahlt! Genieße das Loslassen als Ritual!

Macht Dir Deine Wohnsituation zu schaffen? Sehnst Du Dich nach mehr Platz, nach Ordnung und Bewegungsfreiheit?
Um Platz zu schaffen und Dir neuen freien Raum zu schenken, beginnst Du am besten gleich HEUTE! Frage Dich, welche Dinge Du unbedingt behalten möchtest, was darf Dich in Dein neues Leben begleiten? Alles Übrige möchte losgelassen werden. Trenne Dich von alten Lasten, indem Du es Schritt für Schritt angehst, jeden Tag ein kleines bisschen, dafür KONSEQUENT!!!

Hängst Du an alten Erinnerungen oder Denkweisen fest?
Gedanken kommen und dürfen auch wieder gehen. Bei jedem äußeren Reinigungsvorgang verabschiede ein wenig geistigen Müll!

Belasten Dich alte Gefühle, Ängste, Groll und Schwermut?
Lerne Dir und anderen zu vergeben, indem Du das WASSER DES LE-BENS erbittest!

Machst Du der Kirche oder gar Gott Dein Leiden zum Vorwurf?
Lass Dich von einem Ritual, das Du aus Kinderzeiten liebst, zurückführen in die Vertrautheit und Stille des EWIGEN JETZT! Spüre nach, was in Dir passiert!

Die Botschaft des Minerals und der Pflanzen

Sodalith
Endlich werde ich frei von Ängsten und Schuldgefühlen.
Ich bin ruhig, gelassen und vermag logisch zu denken.
So finde ich Selbstvertrauen
und gelange auch emotional in ein besseres Gleichgewicht.
Fantasievoll und kreativ diene ich der guten Sache.

Roter Sonnenhut=Echinacea
Gereinigt und befreit von altem Ballast
finde ich zu meiner ureigenen Würde.
Ich fühle mich geschützt und gefestigt.
So kann ich mich offen zeigen, wie ich bin.

Baldrian
Ich kann in Stresszeiten entspannen
und erkenne, was nicht in meine Verantwortung fällt.
So entdecke ich mehr Spaß und Freude für mich.

Holzapfel = Crab Apple *(Bach-Blüte Nr. 10)*
Indem ich mich körperlich und geistig reinige,
lerne ich kleine Unvollkommenheiten und mich selbst anzunehmen.
Alles ist gut geordnet.

Stechpalme = Holly *(Bach-Blüte Nr. 15)*
Ich lasse negative Gedanken und Gefühle aufrichtig los
und verabschiede mich von alten Feindbildern.
Voller Liebe werfe ich mehr Licht auf meinen eigenen Schatten
und schaffe so einen offenen Raum für die guten Kräfte in mir.

Küchenschelle
Ich lerne loszulassen und kann mich ganz aufmachen.
Auch wenn ich "Nein" sage, fühle ich mich dennoch geliebt.

Hirtentäschel
Ich vertraue mich dem Fluss des Lebens an,
der uns die Aufgaben in der richtigen Reihenfolge zukommen lässt –
ganz ohne Zeitstress.

Primel
Da ich mich selbst liebe,
ist es in Ordnung für mich, reich zu sein.
Ich teile meinen inneren und äußeren Reichtum,
indem ich die anderen liebe und ihnen diene.
Wenn ich mich verletzlich fühle,
erhalte ich genau die Hilfe, die ich brauche.

Lavendel = Lavender
Indem ich Weltliches und Geistiges in Übereinstimmung bringe,
finde ich entspannt zu einem natürlichen Lebensrhythmus.
Ich achte besser auf meine natürlichen Bedürfnisse.

Brunnenkresse
Ich erfahre Klärung, Reinigung und Erholung.
Die Reinheit des Körpers spiegelt das Licht meiner Seele wider.

Zusammenfassung

Ordnung, die Du Dir aus freien Stücken erschaffst,
ist etwas Schönes und frei von jedem Zwang!
Genieße den offenen Raum, der sich Dir auf einmal bietet!

Lasse untaugliche Vorstellungen getrost hinter Dir
und öffne Dich dem, was Du als stimmig und heilsam erfahren darfst!
Bewahre die Rituale, die Dir hilfreich sind!

Weg des Nordens: Zweiter Schritt - Erneuerung

Waboose
©Michaela Sommerfeld

Regenwurm
CC-BY-SA-3.0 Unported
Hedwig Storch

Peridot= Olivin/Chrysolith

Rotklee

Gentian=Enzian

Gorse=Stechginster
CC-BY-SA-2.5 I.Denbert

Bärenklau
Public Domain
Leo Michels

Mountain Penny Royal
Indianernessel, Pferdeminze
Public Domain: Leo Michels

Marigold=Tagetes
Pixnio: Public Domain

<u>Das Thema des Regenwurms</u>

Unser innerer „Regenwurm" holt sich oft und gerne Unterstützung bei Waboose, wenn es ihm zu schwerfällt, umzudenken oder gegen eingefleischte Gewohnheiten anzugehen.

Die Heimat des Regenwurms ist die Erde. Hier, in der mütterlichen, geborgenen Urkraft unseres Planeten hat er ein ideales Zuhause gefunden: wärmend, angenehm feucht, nährend. Alles, was er braucht, ist vorhanden. So geht er eifrig und genügsam ans Tagwerk. Er lockert den Boden, macht sich in Deinem Garten nützlich und ist geradezu unentbehrlich. Dabei scheint der kleine Helfer unverwüstlich. Trifft ihn ein grober Spatenstich, regeneriert er sich kunstvoll selber und entwickelt sich nach einer Verletzung wieder zu einem voll funktionsfähigen Wesen. Um ihm zuzuhören, solltest Du schon etwas in die Knie gehen!

Hallo, Du Gärtner/in,
sei ein bisschen respektvoll und vorsichtig,
nicht bloß beim Umgraben!
Die Hauptarbeit habe ich nämlich schon für Dich erledigt.
Ja, ja, ich weiß. Ich bin leicht zu übersehen.
So ist das oft mit dem GUTEN!
Es wird Zeit, dass Du Dein Denken „beackerst"!

Die erlösende Kraft der Erneuerung

Kannst Du an Deinen körperlichen Beschwerden und Symptomen bereits die Folgen Deiner schädlichen Gedanken ablesen?
Nun, es kann nicht schaden, mal etwas tiefer zu graben: Warum hast Du Dir mit dem kostbaren Werkzeug Deiner Gedankenkraft nicht Gesundheit und Wohlbefinden erschaffen? Welche Glaubenssätze behindern Deine Heilung?
Zugegeben, der kleine Erdenwurm macht sich bestimmt keinen Kopf, was er da eigentlich tut. Er weiß einfach, dass er hier richtig ist, ganz in seinem Element! Dein ach so kluger Kopf weiß die Lösung auch nicht. Geh tief in Dich hinein, bis zu Deinem kleinen inneren Kind. Es ist Dir zwar nicht bewusst: Aber Dein Kleines findet die Lösung: ganz „von SELBST"!

Wirst Du erdrückt von der Flut Deiner Gedanken? Gehen sie ständig in eine Richtung, die Du gar nicht einschlagen möchtest?
Beobachte den kleinen erdigen Wurm! Rein äußerlich gibt er nicht viel her, schon gar nicht im Vergleich zu Deinen kunstvollen geistigen Kreationen, Deinem großartigen Wissen, auf das Du so stolz bist. Was soll das mühselige Beackern und Wühlen gemessen an Deinen tollen hochfliegenden Plänen? So möchtest Du nicht enden: als Handlanger, zum Schuften verdammt, in Langeweile erstickt. Aber dieses Tier lebt, und wie! Es tut eifrig seine Pflicht, oder ist es gar ein Spiel? Erde durchwandert seinen Körper, wird verwandelt zu herrlichem kostbaren Humus. Zugefügte Verletzungen heilen wie von selbst. Auch Dein wirres Denken ist heilbar!
Ergreife die Chance, gönne Dir GUTE Gedanken!

Bist Du gefesselt in einer Gefühlswelt, die Dir und Deinen Mitmenschen die Luft zum Atmen nimmt und euch die Freude raubt?
Nimm Dir den kleinen Moment des Hier und Jetzt, um genau auf den Gedanken zu achten, der Deinem Gefühlswahnsinn voranging. Koste den winzigen Bissen Erde, den es braucht, neuen Humus zu schaffen, zufrieden, dankbar und vielleicht sogar ein bisschen glücklich zu denken!

Erstickt Dich die Langeweile ritueller Abläufe, in die Du von Eltern, Lehrern oder Geistlichen eingeführt wurdest? Erzürnt Dich die vermeintliche Dummheit, moralische Unvollkommenheit, Besserwisserei einiger kirchlicher Vertreter?
Nun, es ist an Dir, selber NEU zu denken, NEUES zu tun! Höre auf Deine guten Ideen, die Verbesserungsvorschläge, die in Dir auftauchen! Nimm deutlich vernehmbar Stellung! Vertrete die eigene Meinung, damit sich die Dinge zum Besten ändern!

<u>Die Botschaft des Minerals und der Pflanzen</u>

Peridot = Olivin/Chrysolith
Genauer betrachtet ist das Leben doch schön!
Indem ich mir angewöhne,
öfter die positiven Seiten wahrzunehmen und zu betonen,
kann ich meiner melancholischen Stimmung besser entfliehen.

Rotklee=Red Clover
Indem ich den Kontakt zu mir selbst aufrecht erhalte,
bleibe ich ruhig und gelassen.
Ich spüre, wie sich mein Leben zum Positiven verändert
und sehe neue Perspektiven.
Heilung ist tatsächlich möglich.

Bitterer Enzian = Gentian (Bach-Blüte Nr. 12)
Ich lasse mich von meinem höheren Selbst führen
und finde zu einer positiven Grundhaltung.
Optimistisch und zuversichtlich gestalte ich mein Leben.

Stechginster = Gorse (Bach-Blüte Nr. 13)
Auf meine innere Führung vertrauend erkenne ich,
dass es tatsächlich einen Ausweg aus meiner derzeitigen Situation gibt.
Hoffnungsvoll öffne mich für neue positive Ansätze.

Bärenklau
Ich gewinne Vertrauen in die Welt
und erkenne den Sinn meines Lebens.
Indem ich mir meiner inneren Kraft bewusst werde,
lerne ich, mein Leben selbst zu bestimmen.
Ich gebe mich dem göttlichen Willen hin
und fühle mich zufrieden mit den gegebenen Umständen.

Mountain Penny Royal = Indianernessel, Pferdeminze
Ich lerne mich abzugrenzen,
kann negative Überzeugungen loslassen
und erkunde meine eigenen Möglichkeiten neu.
Dadurch gewinne ich an geistiger Klarheit
und erfahre die Gegebenheiten viel positiver.

Tagetes = Marigold
Ich höre genau zu und verstehe, was andere mir sagen wollen.
Ich lausche meiner inneren Stimme
und nehme Kontakt auf zu meinem inneren Kind.
Ich gehe mit Wärme aus mir heraus und akzeptiere das Leben.

Zusammenfassung:

Du bist Herr und Meister Deiner Gedanken.
Aktiviere Deinen inneren Mann, überprüfe gründlich Deine Denkweise
und merze eingefahrene Glaubenssätze tapfer aus,
wo immer Du ihnen begegnest.

Benütze Deine geistige Macht und Verantwortung, Dein Leben so zu denken und dadurch zu steuern, dass es Dir GUT tut!

Waboose
©Michaela Sommerfeld

Delfin: CC-BY-SA-3.0
Unported Jutta Luft

Herkimer Diamant

Dreiblatt = Trillium
Public Domain
Patrice78500

Odermennig=Agrimony

Buche=Beech

Weinrebe=Vine

Geranie
Pixabay

Wilder Wein
Pixabay: Couleur

Kreosotbusch: Pixnio
Jon Sullivan

Robinie=Akazie
Pixnio

<u>Das Thema des Delfins</u>

Der Geisthüter Waboose ist der ideale Partner, um den verspielten, lebensfrohen Delfinen den Schutzraum zu gewähren, den sie brauchen, um sich so unbekümmert und frei zu zeigen. Hier finden sowohl kleine Kinder als auch die alten Menschen, die sich gelassen von ihrem irdischen Leben verabschieden wollen, die Geborgenheit und Ruhe, die für Zeiten des Umbruchs nötig sind.

Delfine sind kluge, gesellige Säugertiere. Sie bewegen sich scheinbar schwerelos und spielerisch im Wasser, wirken dabei elegant und anmutig. Mit freundlicher Zuwendung und einem leckeren Fisch in der Hand lassen sie sich gerne von Dir zähmen. Höre genau zu, was sie Dir mitteilen, während sie im Wasser tanzen oder Dich gar mit ihrer langgestreckten Schnauze anstupsen.

Schau, wie gelehrig ich bin.
Alles scheint mir wie von selbst zu gelingen,
so ohne Mühe und Anstrengung.
Im Wasser zu gleiten, gemeinsam mit meinen Artgenossen,
macht wirklich Freude.
Das Leben ist schön, genieße es!

-

<u>Die erlösende Kraft der Reinheit</u>

Erscheint Dir Dein Dasein beschwerlich und mühsam? Fühlst Du Dich körperlich benachteiligt und eingeschränkt? Leidest Du Mangel, fehlt es Dir an Geld, ist Deine Wohnsituation beengt? Kannst Du im Beruf nicht die rechte Erfüllung finden?
Vom Delfin kannst Du lernen, sich mit wenig Aufwand zufrieden zu fühlen. Genieße das Einfache, wähle das, was für Dich genau das Richtige ist! Ergreife das gute und giere nicht nach dem „noch Besseren"!
Wenn die Gegebenheiten allerdings so gar nicht passen, zeigt das vormals freundliche Tier seinen Unmut durchaus deutlich und laut hörbar. Natürlich ist auch das vollkommen in Ordnung!
Was darfst Du daraus lernen? Tritt für Dein Lebensrecht ein, für Deine Bedürfnisse, für das, was Dir „zusteht"! Aber bleib dabei locker und gelassen. Geh es locker an! Tu es gemeinsam mit anderen! So wird aus dem vermeintlichen Lebenskampf ein gemeinsames Spiel.

Sind Deine Gedanken belastend und schwer? Raubt Dir die ewige Grübelei den Schlaf und Deinen Lebensmut?
Delfine sind sehr kluge, gelehrige Säugetiere. Aber sie bestechen uns durch ihre Intuition, ihr verborgenes, unerklärliches Wissen. Da ist eine Dimension weit hinaus über unseren klugen, rationalen Verstand. Ja, bewundere ruhig diese Geschöpfe, wundere Dich über sie, lass in Dir selbst ein WUNDER geschehen! Erkläre Dich bereit, dem Unbewussten in Deinem Inneren zu begegnen!

Machen Dir Deine Gefühle so sehr zu schaffen, dass Du den Lebensmut zu verlieren drohst? Ziehen Dich Einsamkeit und Trauer in die Depression? Steigert sich Dein gesunder Ärger zu rasender Wut, Dein natürlicher Neid zu destruktiver Eifersucht? Ufern Deine Ängste, die Dich vor Gefahren schützen sollen, in haltlose Panik aus?
Bemerkst Du an den Reaktionen der anderen, wie lieblos und verbittert Du geworden bist?

Lass Dir von den Delfinen helfen! So wie sie schon im frühesten Stadium bei Frauen eine Schwangerschaft diagnostizieren können, weisen sie Dich auf kleinste Ansätze hin, wie Du Dein Gefühlsleben verbessern und stabilisieren kannst. Du musst es ihnen nur erlauben! Sie wissen nämlich genau, wo Dein inneres Kind sich versteckt hält. Sie begrüßen es und sind schon mit Deiner/m Kleinen in Beziehung getreten. Lass Dich gedanklich auf ein kleines munteres Spiel ein, schwimme eine fröhliche Runde mit den Delfinen!
Zum Schluss schnapp Dir den Fisch der Freude, des Lachens, der Liebe! Und wenn es sein muss, zeig Deinen Ärger, lass Dich vom Neid auf das, was andere bereits haben, zu neuen Zielen anspornen! LEBE!!!

Erfüllt Dich Dein Glaube mit Zuversicht? Springt Dir das Herz vor Begeisterung, wenn Du an all das denkst, was Dir „heilig ist"?
Wenn Dir Dein Glaube keine Freude bereitet, stimmt etwas nicht. Das liegt nicht unbedingt an den Inhalten. Bevor Du anfängst, alles neu zu überdenken, solltest Du zuerst mal hinfühlen, wie und warum Dir die Leichtigkeit im Zugang zum Höheren abhandengekommen ist. Begegne dem GOTT der Delfine!

Die Botschaft des Minerals und der Pflanzen

Herkimer Diamant
Ich erhalte die nötige Kraft,
meine Vergangenheit zu bewältigen und daraus zu lernen.
So kann ich gelassen in die Zukunft blicken
und die richtigen Entscheidungen treffen, um mich zu verwirklichen.
Ich lebe im Hier und Jetzt.

Dreiblatt = Trillium
Nichts bindet mich. Ich verlange nichts.
So fühle ich mich leicht und frei.
Geben und Nehmen sind eins geworden.
Voller Freude diene ich dem großen Ganzen.

Odermennig = Agrimony (Bach-Blüte Nr. 1)
Ich darf mich ganz offen zeigen, ohne mich zu verbergen,
ohne Maske, mit all meiner Verletzlichkeit.
Hier finde ich Ruhe und inneren Frieden.

Buche = Beech (Bach-Blüte Nr. 3)
Ich bin frei, ganz ich selbst zu sein, ganz so zu sein, wie ich wirklich bin.
Ich erkenne bei mir und anderen die Licht- und Schattenseiten.
Das macht mich nachsichtig, mitfühlend und verständnisvoll.

Weinrebe = Vine (Bach-Blüte Nr. 32)
Ich übe mich in einem friedlichen, harmonischen Zusammenleben.
Mitfühlend setze ich meine Kräfte zum Wohle der anderen ein
und lerne, fremde Bedürfnisse immer besser zu berücksichtigen.

Geranie
Ich lerne loszulassen und richtig zu entspannen.
Es ist erlaubt, nichts zu tun.
Ich darf mich auch verwöhnen lassen.

Wilder Wein
*Ich lerne mich geistig
auch für körperliche und sexuelle Belange zu öffnen.
Entspannt erlebe ich die Leichtigkeit des Seins.*

Kreosotbusch = Chaparall
*Ich heiße all meine Gefühle willkommen und erfreue mich daran.
Ich lerne, bewusst zu träumen.
Dabei erhalte ich die innere Kraft,
traumatische Erlebnisse oder grausame Bilder zu verarbeiten.*

Robinie = Akazie
*Ich habe genügend Kraft.
Ein gesundes Maß an Energien steht mir
jederzeit in ausreichendem Maße zur Verfügung.*

Zusammenfassung:

Gefühle sind ein wichtiger, nützlicher Bestandteil Deines Daseins. Sie führen Dich zu den innigsten Wünschen Deines Herzens, zur Sehnsucht Deines kleinen, verletzlichen inneren Kindes. Was immer Du erreichen möchtest, beobachte respektvoll und aufmerksam, was soeben in Dir vorgeht. Vorfreude ist der beste Ansporn, Dein Leben zu ändern.

Du darfst Dich GUT fühlen. Dies ist Dein göttlicher Auftrag!

Wabun
©Michaela Sommerfeld

Kolibri CC-BY-SA-2.0
Germany Reinhard Jahn

Glimmer

Star of Bethlehem=
Doldiger Milchstern

Kastanie=
White Chestnut

Rosmarin
CC0 P.D. Lynn Greyling

Salomonsiegel
Pixabay Greisi

Gänseblümchen
Pixabay Movmy

Madia
Public Domain
US Bureau of
Land Management

Pfefferminze =
Peppermint
Pixabay
Ulrike Leone

Hasenpinsel =
Rabbitbrush
Pixabay
Mike Goad

Margerite

Wabun - Hüter des Ostens

Wabun herrscht am Medizinrad als König der Lüfte. Der Steinadler schwingt sich auf in die höchsten Höhen. Von dort hat er genügend Überblick, um Dir den Anstoß zu geben, Dein Leben neu zu gestalten. Es ist Zeit, umzudenken. Das Alte, unbrauchbar Gewordene liegt hinter Dir.

Steinadler: Public Domain by U.S. Fish and Wildlife Service

Der östliche Hüter zeigt Dir aufregend neue, unbekannte Wege. Lass Dich emportragen von seinen mächtigen Schwingen! Fühl Dich gehalten, wenn Du Deine Entscheidungen triffst.

Bei Wabun hat der winzige Kolibri gelernt, wie leicht es sein darf, zu leben.

Das Thema des Kolibris

Beobachte einen Kolibri beim Saugen des Nektars! Nimm Dir ruhig ein wenig Zeit zum Staunen. Dieser kleinste aller Vögel verrichtet seine "Arbeit" scheinbar mühelos und schwerelos. Beneidenswert, wirst Du denken. Wie schafft er das nur?

Höre auf seine leise Stimme!

Du glaubst, was ich da tue, ist ein Spiel?
Na ja, in gewisser Weise schon.
Aber geschenkt wird mir dabei nichts.
Versuche mal zählen, wie oft meine Flügel schlagen,
wie schnell sie sich bewegen müssen, damit ich nicht abstürze.

Siehst Du, es gehört schon viel Mut und Zuversicht dazu,
solange am Fleck stehen zu bleiben, mitten in der Luft.

Von wegen Schwerelosigkeit.
Eine falsche Bewegung, und ich würde abstürzen.
Tu ich aber nicht!

Und zur Belohnung gibt es den herrlichen Blütensaft.
Wirklich eine super "göttliche" Idee, dass ich so konstruiert bin.
Denk mal nach, wie das bei DIR ist!

<u>Die erlösende Kraft der Klarheit</u>

Hast Du DEINE Klarheit gefunden? Kennst Du Deine Herzensziele oder stocherst Du noch im Nebel herum?

Vielleicht warst Du bisher zu wenig bereit, das GUTE, das Göttliche wahrzunehmen, das in Dir angelegt ist. Höre nicht auf den Teufel, der Dir einflüstert: Für mich, für meine Probleme gibt es keine Lösung. Ich bin zu schwach, zu dumm, zu faul ….
Spüre hinein in Deine tiefsten, wahren Gefühle und Du wirst erkennen, wie viel Dankbarkeit, Mut, Akzeptanz, Liebe und wahre Freude hier im Verborgenen liegen. Hebe diesen Schatz! Genieße Dein Leben!

Glaubst Du wirklich aus tiefster Seele daran, noch einmal gesund, froh und zufrieden zu werden?

Entscheide Dich JETZT dafür, in Dankbarkeit anzunehmen, was Du bereits empfangen hast!

Beschweren Dich Deine negativen Gedanken? Hast Du Angst vor anderen Menschen, Angst vor der Zukunft, Angst vor dem Leben?

Erinnere Dich bis ins Detail, was und vor allem wie viel Gutes Dir in Deinem Leben bereits zuteil wurde! Die Schwarzmalerei lassen wir für diesen kurzen Moment, versprochen?!

Fühlst Du Dich unverstanden, vom Schicksal benachteiligt, einsam und traurig?

Öffne Dein Herz für das Mitgefühl, das Dich durchströmt! Mach Dich auf, breite die Arme aus, sauge es auf mit jeder Zelle Deines Körpers! Beobachte, wie dieses zarte, verstehende Empfinden Dich und Deine Nächsten berührt.

Gibst Du Dir oder einem/r anderen oder gar Gott die Schuld? Bist Du zornig auf das, was Dir und anderen geschieht?

Bitte um die Erkenntnis, was aus all dem Schrecken doch noch an GU-TEM erwachsen könnte. Vielleicht hast Du bereits eine derartige Erfahrung in Deinem Leben machen dürfen. Bitte um den Segen, Unabänderliches anzunehmen.
Entscheide Dich, zu akzeptieren, was IST!

<u>Die Botschaft der Pflanzen und Steine</u>

Glimmer = Fuchsit
Mit gestärkten Sinnen
und unempfindlich gegen äußere Einwirkungen
führe ich mein Leben klar und überschaubar.
Ich fühle mich ausgeglichen und kann Ängste ablegen.

Star of Bethlehem = Doldiger Milchstern (Bach-Blüte Nr. 29)
Ich erhalte die Chance, schlimme Erlebnisse zu verkraften
und erwache aus meiner Betäubung.
Ein Gefühl von „Getragen Sein" ermöglicht mir, zu erkennen,
dass alles zu meinem Lebensplan gehört
und meinem Wachstum dient.

White Chestnut=Weiße Kastanie
Meine Gedanken kommen zur Ruhe.
Ich kann geistig entspannen und finde zu innerer Ordnung.
So kann ich Probleme lösen und Konflikte bereinigen.

Rosmarin
Ich fühle mich lebendig, habe ein waches Bewusstsein
und eine gute Erdung.
Geistig wach, klar und zielgerichtet
verbinde ich mich mit der universellen Energie, die mir den Weg weist.

Salomonssiegel
Indem ich ganz zur inneren Stille finde,
lerne ich Wichtiges vom Unwichtigen zu unterscheiden.

Gänseblümchen
Ich akzeptiere mich und nehme meinen eigenen Raum ein.
So kann auch anderen zugestehen, zu sein, wie sie eben sind.
Ich erlebe mich als humorvoll, witzig, kreativ und einfallsreich.

Madia

Ich behalte den Überblick, arbeite konzentriert und ökonomisch.
Es macht mir Freude, durchzuhalten
und meine Aufgaben zu Ende zu bringen.

Pfefferminze = Peppermint

Ich komme innerlich zur Ruhe.
So fühle ich mich geistig klar, wach und beweglich.
Dadurch erreiche ich größere mentale und spirituelle Bewusstheit.

Hasenpinsel = Rabbitbrush

Ich bin geistig klar und konzentriere mich auf das Wesentliche.
So behalte ich den Überblick, kann besser koordinieren
und erkenne die grundlegende Ordnung.
Jetzt treffe ich leichter auch weitreichende Entscheidungen.

Margerite = Shasta Daisy

Ich darf alten Ballast abwerfen.
Dadurch begreife ich den Gesamtzusammenhang
und erkenne zugleich die Details.
So lerne ich das Große Ganze besser zu verstehen.
Voll Freude beginne ich, das Leben intensiver zu genießen.

Zusammenfassung

Um geistig klar zu werden und Deine Gedanken zuordnen, benötigst Du viel Disziplin und innere Ruhe. Das ist anstrengend, aber lohnend!

**Erkenne die großen Zusammenhänge auch in DIR selbst
und entscheide Dich, zu akzeptieren, was IST!**

Wabun
©Michaela Sommerfeld

Eule
Pixabay: Mylene 2401

Jade

Salbei

Kastanienknospe=
Chestnut Bud

Olive
Pixabay: Ulrike Leone

Grasnelke
Pixabay
Hans Braxmeier

Tomate
Public Domain
Leo Michels

Ringelblume=Calendula
Pixabay: Manfred Richter

Das Thema der Eule

Von Wabun hat die Eule gelernt, Zusammenhänge zu erkennen und klar zu denken, wenn es für Dich scheinbar finster geworden ist.

Die Eule ist der Vogel der Nacht. Wenn es in Deinem Inneren zu dunkel wird, um Neues Land zu sehen, hilft sie Dir mit ihren großen Augen. Geschickt wendet sie den Kopf nach beiden Seiten. Sie wägt genau ab, hört in sich hinein.
Tu es ihr gleich! Lausche jetzt auf ihre Botschaft!

Willkommen im geheimnisvollen Reich Deiner Innenwelt!
Alles, was Du wissen musst, ist bereits in Dir.
Lass Deinen albernen Tunnelblick!
Verwirf das Vorgefertigte, das Banale, das Eingefahrene!
Wenn Du vor lauter Ver-ZWEI-flung
nicht die Hand vor den Augen siehst,
dann öffne Herz und Ohr!

Die erlösende Kraft der Weisheit

Was hindert Dich, die Schatzkammer Deiner inneren Weisheit zu öffnen?
Scanne Deinen Körper ab! Wo hakt es? Welcher Teil in Dir schmerzt und schreit nach Hilfe? Sind warnende Symptome Dir schon zur Gewohnheit geworden?

Die Eule lenkt Deine Aufmerksamkeit auf den genau zu DIR passenden Heilungsweg: ein schmaler, sich hochwindender Pfad, den Du mit Leichtigkeit und Freude gehen darfst. Genieße die Aussicht!

Welche Gedanken treiben Dich in den Wahn der Hoffnungslosigkeit?

Die Eule lässt Dich weise abwägen, hilft Dir, am Wegkreuz das Hinweisschild zu entziffern. Sie verrät Dir, wer DU bist, was Dein EIGENES ist. Sie kennt DEINE Medizin. Es bleibt immer DEINE Entscheidung, in welcher Richtung Du denken wirst. Bedenke: Haben Dich Deine alten Glaubenssätze denn schon mal einen Schritt weitergebracht?

Schau dahin, wo die Nacht am dunkelsten ist. Welche Gefühle haben sich in der Tiefe versteckt und schwelen vor sich hin, wahrscheinlich schon seit Deiner frühesten Kindheit?

Der Schrei des nächtlichen Vogels mag furchterregend sein. Aber sein Gefieder ist sanft und weich. Unter den Flügeln der Eule ist viel Platz für ein kleines erschrecktes Kind. Du bist nicht allein, auch wenn es noch so dunkel ist. Wenn der Weg nach Innen Dir zu schwer wird, lass Dich mütterlich/väterlich begleiten! Der genau für Dich errichtete Schutzraum wartet auf Dich. Vielleicht konntest Du ihn bisher nicht sehen. Aber mit den Augen der Eule findest Du JETZT die passende Hilfe.

Glaubst Du, Gott straft Dich mit Deinen Krankheiten? Du habest es „verdient"? Es sei vorbestimmt und es bleibe Dir keine Wahl?

Erkenne die großen Zusammenhänge! Auch die Eule bezieht ihre Heilkraft aus dem ZENTRUM des Medizinrades. Alles ist EINS, und alles ist im Fluss. Du bist Teil des Großen heilen Ganzen.

Die Botschaft des Minerals und der Pflanzen

Jade
Ich fühle mich innerlich gestärkt,
ausgeglichen und frei von Ängsten.
Indem ich meine Vorurteile abbaue und mich gerechter verhalte,
finde ich leichter meinen inneren Frieden.

Salbei
Ich betrachte alle Ereignisse von einer höheren Sicht aus.
Ein tiefes Wissen um die größeren Zusammenhänge
schenkt mir Zuversicht und lässt mich reifen.

Chestnut Bud = Kastanienknospe (Bach-Blüte Nr. 7)
Ich lebe im Hier und Jetzt,
erkenne eingefahrene Muster
und steigere dadurch meine Lernfähigkeit.
Ich durchbreche Teufelskreise
und verändere mein Leben zum Guten.

Olive (Bach-Blüte Nr. 23)
Ich achte besser auf mich selber
und lerne meine Kräfte richtig einzuteilen.
Anstatt mich zu verausgaben,
genieße ich das Gefühl,
von Energie erfüllt und gesund zu sein.
Innerlich ruhig und gut geschützt
erlebe ich mich in einem harmonischen Gleichgewicht.

Grasnelke
Ich finde zu einem stabilen Gleichgewicht zwischen den Gegensätzen.
So kann meine innere seelische Spaltung ausheilen.

Tomate

*Ich kann mich den Herausforderungen des Lebens stellen
und sie bestehen.
So gelingt es mir, Süchte, schädliche Beziehungen
und ungesunde Gewohnheiten zu besiegen und auszuheilen.*

Ringelblume = Calendula

*Es gelingt mir, genauer zuzuhören und freier zu sprechen.
Ich kann mich klar ausdrücken
und den Sinn gesprochener Worte verstehen.
Ich lerne mit Pflanzen zu reden, besitze einen „grüner Daumen".*

Zusammenfassung

Je mehr Du in Deiner Mitte bleibst und genau auf Dich und besonders auf Deine körperlichen Signale achtest, desto sicherer wirst Du in Deinen Entscheidungen. Das tut Dir gut und Deiner Umgebung auch! Es gibt keine wirklichen Gegensätze! Alles ist EINS, und alles ist im Fluss.

Du bist Teil des Großen Heilen Ganzen. Nütze diese Erkenntnis für Dein alltägliches Leben!

Wabun
©M. Sommerfeld

Glühwürmchen
©Herky CC-BY-SA-3.0

Calcit=Kalkspat

Ginseng
Pixnio CC0

Bleiwurz
Public Domain
Leo Michels

Esskastanie
Sweet Chestnut

Edelweiß
Public Domain
Leo Michels

Roter Fingerhut
Pixabay
hundefan

Kornblume
Pixabay
Cydonia

Iris
Public Domain
Leo Michels

Kalifornischer Mohn=
California Poppy
Public Domain:Gary Kramer

Yellow Star Tulip
Pixabay
pezibear

<u>Das Thema des Glühwürmchens</u>

Unter dem Schutz von Wabun entfaltet sich ein winziges Wesen zum imposanten Informationsträger. Um so viel Wissen anzureichern, um gleichzeitig gelassen und zupackend sein zu können, braucht es die vollkommene höhere Sicht aus der Warte des Steinadlers.

Die Glühwürmchen sind winzige nächtliche Boten. Wie kleine Sternschnuppen blitzen sie auf. Sie senden ihre Signale, wenn sie bereit sind, wenn ihr Empfänger bereit ist.
Du kannst ihr frohes Funkenspiel erhaschen, wenn Du aufhörst, festzuhalten, wenn Du den Tag freigibst. Geh in die vollkommene Stille, denn sie wispern sehr leise.

Erkennst Du mich, geliebtes Wesen?
Wir finden zusammen, weil wir niemals getrennt waren.
Dieser köstliche Augenblick des Einsseins ist zu kurz,
um ihn festzuhalten,
und nur deshalb dauert er ewig.
Tanze mit mir,
überlasse Dich dem Rhythmus des Werdens und Vergehens:
aufblitzende Fünklein in dunkler Nacht,
zu Ende, ehe sie beginnen –
ein immerwährendes Versprechen.

<u>Die erlösende Kraft der Erleuchtung</u>

Was in Deinem Leben nimmt so viel Raum ein, was beansprucht so sehr das Licht des Tages, dass Du die vollkommene Stille zu meiden suchst? Womit erschreckt Dich die Nacht?
Beim dritten Stein des östlichen Seelenpfades findest Du angstfrei zur Ruhe.

Suchst Du vergeblich nach Ursachen und Auswegen für bestehende Missstände? Kommst Du nicht auf den springenden Punkt, Deinen Körper, finanzielle Miseren, berufliche Fehlschläge zu heilen?
Das Glühwürmchen schenkt Dir den einen Gedankenblitz. Erlaube ihm, Dein wahres Problem zu durchleuchten! Erkenne in Deinem Ursprung, wer Du bist: niemals getrennt. Du bist alleins und heil.

Bist Du die klugen Sprüche leid, die Empfehlungen und Ratschläge, all die Versprechungen auf eine bessere Welt?
Bei Tageslicht besehen hast Du natürlich vollkommen Recht. Der Tod nimmt genauso viel Raum ein wie das Leben. Nur der kaum wahrnehmbare leuchtende Käfer der nächtlichen Spiele sieht es anders: Werden und Vergehen ist EINS.

Halten Dich Ängste, Wut, Sorgen, Verzweiflung und Anklagen wach? Quälen sie Dich bei Tag und Nacht?
Mache es wie ein Glühwürmchen! Schenke Deinen Gefühlen all die Liebe, die Du noch in Dir hast! Und dann warte still, was geschieht!
   Gib dem Leben den Raum, den es verdient!

Die Botschaft des Minerals und der Pflanzen

Calcit = Kalkspat
Ich werde empfänglich für das Gute, das mir von OBEN gegeben wird.
So schöpfe ich Hoffnung und lerne ich, das Leben zu bejahen.
Meine frohe, herzliche Art strahlt auf andere aus.

Ginseng
Ich finde äußerlich und im Inneren
zu einem harmonischen, tragfähigen Gleichgewicht.
Zentriert und gut geerdet öffne ich mich
meiner höheren Führung.

Bleiwurz = Cerato (Bach-Blüte Nr. 5)
Ich erhalte Zugang zu meiner Intuition
und habe Mut zu eigenen Entscheidungen,
da ich auf meine innere Stimme höre.

Esskastanie = Sweet Chestnut (Bach-Blüte Nr. 30)
Selbst wenn Dinge ausweglos erscheinen,
weiß ich, dass Hilfe möglich ist.
Vertrauensvoll übergebe ich mich meiner Höheren Führung.
So kann ich alles, was schwer ist oder unmöglich erscheint,
hinter mir lassen und nehme Herausforderungen tapfer an.

Edelweiß
Indem ich lerne, besser auf meine innere Stimme zu hören,
kann ich meinen Horizont erweitern und nehme neue Sichtweisen ein.
Endlich erkenne ich meine Lebensaufgabe
und verfolge gut geführt meine Lebensziele.

Roter Fingerhut
Mein Herz öffnet sich bereitwillig für neue Einsichten.
Indem ich den Standpunkt anderer Menschen einnehme,
verstehe ich besser Hintergründe und Zusammenhänge.

Kornblume
Ich beschäftige mich mit meinen Seelenbildern und meiner Innenwelt.
Meine Träume beschenken mich mit neuen Einsichten.

Iris = Schwertlilie
Ich vertraue in die eigene Intuition und Inspiration.
Kreativ und mutig kann ich mich selbst ausdrücken.
So fühle ich mich wirklich lebendig
und nehme die Schönheit der Dinge wahr.

Kalifornischer Mohn = California Poppy
Ich erkenne mein wahres Lebensziel
Unabhängig von Außenreizen finde ich
meine innere Wahrheit und mein inneres Wissen.

Yellow Star Tulip = Katzenohr
Indem ich mich einer höheren Einsicht öffne,
verbinden sich Denken und Intuition zu einer harmonischen Einheit.
Ich finde Kontakt zu einem lebendigen, inspirierten Seelenleben.
Meine weiblichen Persönlichkeitsanteile dürfen sich entfalten.

Zusammenfassung

Die wahre Einsicht gewinnst Du nicht aus Büchern. Du kannst sie nicht lernen und schon gar nicht erzwingen. Intuition und Inspiration sind Geschenke der Seele. Gönne Deinem klugen Verstand eine kleine, besser noch, eine größere Pause!

Stille, Demut und Dankbarkeit
sind die Schlüssel zu wahrhaftiger, tiefer Erkenntnis.

Shawnodese
©Michaela Sommerfeld

Kojote
P.D. by U.S.
Fish and Wildlife Service

Kaninchen
Public Domain CC0
George Hodan

Fluorit

Beinwell

Heidekraut=Heather
Public Domain CC0

Lärche=Larch

Esparsette
Pixabay: Creisi

Hyazinthe
Pixabay: Daria
Nrepriakhina

Hainblume=
Baby Blue Eyes
Pixabay:
Hans Braxmeier

Goldrute=
Goldenrod
Pixnio CC0
List Maddie
USFWS

Wildes
Stiefmütterchen=
Viola Tricolor
Public Domain
CC0

Shawnodese – Hüter des Südens

Zur Zeit der größten Hitze, wenn die Sonne hoch am Himmel steht, begegnet Dir Shawnodese, der Kojote. Er beherrscht die unendlichen Weiten der Wüste, weiß sich auch widrigen Gegebenheiten anzupassen und findet so immer den rechten Weg.

Kojote: Public Domain Richard Spencer

In der Nacht hörst Du seine durchdringende Stimme. Es ist der Ruf Deiner Seele, die Sehnsucht nach dem Gefährten, der Begleiterin durch ein Leben in Fülle oder Enthaltsamkeit, dem Wunsch, gesehen und geliebt zu werden.

Vom Wüstenfuchs darf das ängstliche Kaninchen lernen, wie groß und weit die Welt ist. Das Neue und Unbekannte, der/die andere sind der erste Schritt in ein erfülltes, aufregend neues, gemeinsames Zusammensein.

Das Thema des Kaninchens

Geht uns nicht gleich das Herz auf, wenn wir ein Kaninchen sehen? Die langen Ohren, das schnuppernde Näschen, der kleine Stummelschwanz! Aber was uns am meisten berührt, ist natürlich das kuschelig weiche Fell.

Es gibt die niedlichen Hoppler in so vielen Farben und Formen, dass die Wahl schwerfällt. Kein Wunder, wenn wir diese liebenswerten Geschöpfe so häufig in der Nähe von Kindern und aufbewahrt in Käfigen vorfinden.
Draußen in der Natur führen sie ein freies, selbstbestimmtes Leben und vermehren sich explosionsartig.

Begib Dich jetzt in Streichelnähe und lausche der sanften Stimme!

Hallo, Freund/in, danke, dass Du da bist!
Ich brauche keinen großen Abstand, aber Respekt wäre schön!
Denn von Natur aus bin ich eher unschuldig und schüchtern.
Freilich bin ich leicht zu zähmen,
weil ich mich gerne anschmiege.
Sei mir nahe, zeig Dich offen,
und Du wirst staunen, was aus uns wird:
eine ganze, große, riesige Menge!

<u>Die erlösende Kraft des Wachstums</u>

Fühlst Du Dich öfter mal steif und gebrechlich? Ist Deine Haut empfindlich, entzündet? Schreit Dein Rücken nach Entspannung, dein ganzer Körper nach Berührung und Nähe?

Hier im Süden, in der sommerlichen Wärme, findest Du die Ruhe und Zärtlichkeit eines guten, vertraulichen Freundes. Begib Dich mit dem Kaninchen an ein schattiges Plätzchen. Lasst es euch zusammen gut gehen in der Kuschelecke Deiner Kindheit, ohne Vorbehalte und Strafandrohung, ohne Sollen und Müssen!

Verderben Dir die Zwänge des Alltags, die Erwartungen Deiner Familie/Deines Chefs, die Ansprüche Deiner Liebsten die gute Laune? Terrorisieren Dich gar die eigenen Gedanken?

Gib Dir als Erstes die Erlaubnis, innezuhalten! Setz Dich nieder und atme, kehr bei Dir ein! Lass Dich vom Kaninchen zurückführen in die Zeit Deiner Kindheit! Erlaube Dir jetzt alle Gefühle, die Du damals erlebt und durchlitten hast! Wut, Angst, Trotz und Neid …. HEUTE bist Du nicht allein gelassen. HEUTE hast Du einen guten, besonnenen, zärtlichen Freund an der Seite.
Übrigens, es muss nicht unbedingt ein Kaninchen sein!

Bist Du gewohnt, Gefühle zu hinterfragen und auszusortieren? Was sollte man/frau nicht zeigen, am besten erst gar nicht empfinden? Was gehört sich nicht? Was ist strengstens verboten?

Genieße zusammen mit Deinen schwarzen, weißen, braunen, gefleckten Kuschelfreunden Dein Leben in Freiheit! Spring heraus aus dem

Käfig der Gewohnheiten und Verbote! Fühle die herzerfrischende Freude, die Kraft des Lebens, das Dich beseelt! Wachse hinein in DEIN Glück, in DEINEN Raum! Erkenne, wer Du wirklich bist: einzigartig, unverwechselbar, kostbar und liebenswert!

Vermisst Du in Deiner religiösen Gemeinschaft die Freude des Zusammenfeierns und gemeinsamen Tuns, so wie Du es vielleicht als Kind erlebt hast? Erscheint Dir der Glaube an eine Höhere Macht verlogen und abgeschmackt?

Religiosität beinhaltet eine wichtige sinnliche Komponente. Wie könntest Du etwas für wahr und lebenswert halten, wenn Du es nicht als GUT und heilsam erleben darfst? Wie solltest Du glauben können, ohne jemals die Nähe heilsamer Kräfte gespürt zu haben! Teile Deine Gefühle, Deine Zweifel und Ängste, auch Deine Begeisterung und Freude mit Deinen Weggefährten! Wenn nötig, findet gemeinsam eine neue, bessere Form des Ausdrucks!

Die Botschaft des Minerals und der Pflanzen

Fluorit
Ich bin konzentriert und aufnahmefähig
und lerne aus meinen Erfahrungen.
Zusehends verschwinden meine Ängste.
Ich lebe in Harmonie.

Beinwell
Ich fühle mich fest verwurzelt und zugehörig.
So kann ich Veränderungen als hilfreich erleben,
lasse meiner Kreativität freien Lauf
und erlaube mir, mich selbst zu verwirklichen.

Heidekraut = Heather (Bach-Blüte Nr. 14)
Ich fühle mich genügend beachtet und angenommen.
So kann ich die Nähe anderer Menschen genießen,
lerne besser zuzuhören
und kann leichter auf fremde Bedürfnisse eingehen.
Es ist schön, nicht allein zu sein!

Lärche = Larch (Bach-Blüte Nr. 19)
Ich entdecke und würdige meine besonderen Fähigkeiten.
Vertrauensvoll und mutig lasse ich mich von meiner Kreativität leiten,
genieße meine Durchsetzungskraft und bereichere die Gemeinschaft.

Esparsette
Ich finde inmitten von Gruppen meine eigene klare Linie
und stehe dazu.

Hyazinthe
Ich fühle mich schön und anmutig.
So vermag ich mich zu zeigen und meinen Gefühlen hinzugeben.

Hainblume = Baby blue Eyes
Ich gewinne Vertrauen und sehe die Welt mit neuen Augen.
So lerne ich mich (wieder) auf andere Menschen einzulassen.

Goldrute = Goldenrod
Ich finde meine Identität, bin innerlich stabil und selbstsicher
und bleibe den eigenen Werten treu.
So kann ich offener mit anderen Menschen umgehen.

Wildes Stiefmütterchen = Viola tricolor
Ich fühle mich getröstet und in meinem Selbstwert gestärkt.
Deshalb muss ich die anderen nicht mehr so sehr an mich binden
und kann mich in Unabhängigkeit weiterentwickeln.

Zusammenfassung
Gefühle sind etwas Kostbares.
Freilich mögen sie Dich manchmal verunsichern.
Du erlebst Dich zunächst angreifbar und verletzlich.
Aber je mehr Du Dich öffnest und Dich den anderen zeigst, wie Du bist,
desto besser lernst Du Dein Innerstes kennen und wertschätzen.
Nur so entstehen echte Freundschaften und Beziehungen.

**Dich zu fühlen und offen zu zeigen, wie Du bist, macht den Weg frei
für Deine Schöpferkraft und Kreativität.**

Weg des Südens: Zweiter Schritt - Vertrauen

Shawnodese
©Michaela Sommerfeld

Lachs: Public Domain USFWS
William W. Hartley

Lepidolith

Borretsch = Borage

Water Violet
P.D. Leo Michels

Mimulus
CC0 1.0
Alan Schmierer

Red Chestnut=Kastanie
Pixabay
Mona El. Falaky

Pestwurz
CC0 1.0
AnRo 0002

Malve=Mallow
Franz Entter
gemeinfrei

Hibiscus
Ibisco-panoramio
CC BY SA 3.0

Berberitze=Oregon Grape
Public Domain
Leo Michels

Weißklee

Clivie: Pixabay Zrenate

Das Thema des Lachses
===

Der Hüter des Südens, Shawnodese bringt unsere Gefühlsthemen, den überbordenden Wunsch nach Nähe, die Sehnsucht nach tragfähigen Beziehungen, den Schmerz des inneren Kindes und den Schrei nach Versöhnung mitten in unser Leben. Jetzt, wo viele von uns Urlaub haben und ausspannen dürfen, können wir uns nicht so leicht im Alltagstrott verstecken.

Inmitten der Sommerhitze und heftig aufschäumender Gefühle kann es deshalb nicht schaden, wenn wir uns gemeinsam ins Wasser begeben. Hier dürfen wir dem Lachs begegnen. Inmitten seiner vielen Artgenossen werden wir ihn nicht verfehlen, wenn wir sein Gewässer kennen. Er ist nicht nur ein kostbarer, begehrter Speisefisch, sondern v. a. ein kraftvoller Lehrer, der uns zeigt, wo unser eigener, höchst persönlicher Weg lang geht. Also: Kopf unter Wasser, Ohren weit auf!

Hier im Wasser bin ich zu Hause.
Meine Bestimmung geht mir über alles.
Da gibt es kein Zögern, keine Hinderungsgründe.
Widerstände lasse ich nicht gelten, und seien sie noch so groß!
Mach es wie ich:
Schwimme gegen den Strom, überspringe die Mauern!
Gib Dein Ganzes!
Du kannst alles schaffen, wenn Du nur willst!
Höre auf Deine innere Stimme!
Die weist Dir den rechten Weg.
Ich verspreche Dir: es lohnt sich!

<u>Die erlösende Kraft des Vertrauens</u>

Bist Du scheinbar hoffnungslos krank?
Dir ist nicht zu helfen, weil schon viel zu lange an Dir herumgedoktert wurde, weil die richtige Medizin noch nicht gefunden wurde, weil die Ursachen genetisch sind oder Du als nicht heilbar diagnostiziert wurdest?

Vertraue auf Deine Selbstheilungskräfte! Höre auf die leise innere Stimme, die Dich anleitet, Dich den rechten Weg einschlagen lässt! Freilich hörst Du manchmal eine Botschaft, die Dir nicht gefällt: bittere Arzneien, unliebsame Wahrheiten, das Einfordern von Geduld, und ja, manchmal auch von Akzeptanz. Es wird viel Kraft und innere Stärke von Dir eingefordert. Aber niemals geht es über die Grenzen des Machbaren. Heilung ist möglich, und sie geschieht INNEN.

Sind Deine Gefühle schon so oft, so tief und nachhaltig verletzt worden, dass Du weder Gott noch anderen Menschen über den Weg traust, nicht einmal Deinem Partner?
Bist Du verfangen in einer Habachtstellung, in der Endlosschleife des Misstrauens und der Angst?

Vertrauen ist ein Sprung ins Unmögliche, aber es bleibt ein Sprung! Lerne vom Lachs, wie hoch und wie weit Hindernisse überwunden werden können und dürfen. Wenn der Weg richtig ist, gibt es keine festgeschriebenen Barrieren. Mach Deinen gefühlsmäßigen „Freischwimmer", am besten in einer Gruppe von Gleichgesinnten! Du bist nicht verlassen und verloren gegangen. Du musst nichts allein schaffen, und es nimmt Dir nichts von Deiner Würde, dass die größten Hürden leichter im Verbund überwunden werden.

Wehrt sich Dein kühler, klarer Verstand gegen die vermeintliche „Gefühlsduselei", gegen falsche Versprechungen, die Vertröstung auf Erlösung, auf „Später" und ein fernes, unerreichbares Paradies?

In ausweglosen Situationen scheint unser Kopf das einzig Sinnvolle zu tun. Er denkt, er plant, er kennt sich aus und findet sich zurecht, er deutet die Zeichen. Leider führt er uns dadurch meist schneller in die Irre, als uns lieb ist. Das Unbewusste weiß so viel mehr als unser kluger Verstand. Intuition ist um so vieles kostbarer.

Begib Dich in saubere Gewässer! Komm innerlich zur Ruhe! Schließe Frieden mit Dir und der Welt, behalte einen kühlen Kopf! Erkenne, wer Du wirklich bist! Vertraue auf eine Höhere Führung, auf das Wissen, das dem Großen Alleins entspringt.
Dann findest Du DEINE Antwort, nicht fehlgeleitet vom „Es war einmal", sondern geboren aus dem Hier und Jetzt.

Die Botschaft des Minerals und der Pflanzen

Lepidolith
*Mit gestärkten Sinnen und klar in meiner Lebensweise
fühle ich mich gleich viel ruhiger und ausgeglichener.
Ängste, traurige Stimmungen und Depression
verflüchtigen sich.
Ich fühle mich temperamentvoll und energiegeladen.*

Borretsch = Borage
*Aus Niedergeschlagenheit und Trauer
erwächst neue Kraft und der Mut,
mein Leben zu meistern.
Zuversichtlich und entschlossen
überlasse ich mein Inneres Kind
der göttlichen Heilkraft.*

Water Violet = Sumpfwasserfeder (Bach – Blüte Nr. 34)
*Unabhängig und selbstverantwortlich wie ich bin,
gelingt es mir doch,
immer mehr Nähe zuzulassen und mich zu öffnen.
Ich gehe immer leichter auf meine Umgebung zu
und lerne, liebevolle Beziehungen aufzubauen.*

Mimulus = Gefleckte Gauklerblume (Bach – Blüte Nr. 20)
*Mutig und zuversichtlich
gehe ich den mir aufgezeigten Weg.
Vertrauensvoll stelle ich mich
meinen inneren und äußeren Ängsten.
So darf ich ganz spielerisch
meinen persönlichen Ausdruck finden.*

Red Chestnut = Rote Kastanie (Bach – Blüte Nr. 25)
Ich weiß, dass jeder für sich selbst verantwortlich ist.
So vertraue ich beruhigt darauf,
dass die Menschen, die ich liebe, gut geschützt sind.
Ich schicke hilfreiche Gedanken
und bin in Notzeiten ein/e verlässliche stützende/r Begleiter/in.

Pestwurz
Ich spüre meine persönliche Kraft, erkenne das Gute in mir
und kann den mir in der Welt zugedachten Platz einnehmen.

Malve = Mallow
Ich finde Freunde und kann Freundschaften aufrechterhalten.
Ich bin in Ordnung so wie ich bin.

Hibiscus = Eibisch
Meine Gefühlsbeziehungen verbessern sich.
Ich kann Nähe und Intimität zulassen.

Berberitze = Oregon Grape
Ich nehme mich selbst an und liebe mich, wie ich bin.
Trotz meiner Vorsicht
erkenne ich immer mehr das Positive im Leben
und lerne, auf die guten Absichten der anderen zu vertrauen.

Weißklee
Ich finde den Mut,
die eigene Schönheit und Eigenart auszudrücken.

Clivie
Meine Gefühle, Gedanken und Einstellungen
erschaffen für meine geliebten Menschen
eine gesunde, sichere, geschützte Realität.
Ich kann meine Ideen und Visionen künstlerisch umsetzen
und vertraue darauf, meine Träume zu verwirklichen.

Zusammenfassung

Auf das Gute vertrauen zu können, ist ein wundervolles Gefühl.
Es braucht viel Übung und Hingabe, Gelassenheit und Demut,
um sich in aller Tiefe überhaupt darauf einzulassen.
Suche in der sommerlichen Hitze einen kühlen Ort der Stille,
ruhe in Dir, jenseits von Gedanken und Getriebensein.
So findest Du den Weg zu Dir selbst und zu Deinen Mitmenschen.

Lass Dich führen! Gib Dich hin!
**Trennung und Schmerz sind nur die Illusion eines kranken Egos, das
sich zu wichtig nimmt.**
**Du darfst endlich erfahren, dass Du bereits WERTVOLL bist. Du musst
gar nichts dafür tun.**

Shawnodese
©Michaela Sommerfeld

Wolf
Pixnio: Christels

Rosenquarz

Weißdorn

Chicory=Wegwarte
Public Domain
Leo Michels

Weide=Willow

(Gam.-)Ehrenpreis
Public Domain
Leo Michels

Gänsedistel
Pixabay
Annette Meyer

Sumpfherzblatt
Public Domain
Leo Michels

Ysop
Public Domain
Leo Michels

Lotus
gemeinfrei

<u>Das Thema des Wolfes</u>

Der Geistführer Shawnodese hat uns auf vielen kurvenreichen Wegen und Umwegen durch die größte Sommerhitze geleitet. Allmählich wird es Zeit, unsere manchmal fast verzweifelten Bemühungen zu beenden und bei uns selbst anzukommen. Die innere Stille ist schwer auszuhalten, manchmal zum Heulen, sagt uns liebevoll der Kojote, der uns bereits zwei Monde lang begleitet.

Umso besser, wenn wir bereits Freunde oder sogar den einen Menschen gefunden haben, um diese innere Ruhe mit uns (für hoffentlich lange Zeit, lächel) mit uns zu teilen! So dürfen wir uns tatsächlich „geliebt" wissen.

Vielleicht bist Du ein wenig erschrocken, beim „Schönsten" aller Gefühle jetzt ausgerechnet dem Wolf zu begegnen. Gäbe es nicht so viele andere freundlichere Tiere? Wie immer zahlt es sich aus, genau hinzusehen, hinzuspüren, sich auf eine neue Botschaft einzulassen. Der Wolf ist scheu und dem Menschen fremd. Er bleibt seiner Art treu. Als Teil des Rudels entfaltet er ungeahnte Kraft, Opferbereitschaft und zeigt bemerkenswerten Familiensinn. Da er nicht sinnlos, sondern nur kranke und schwache Tiere tötet, dient er dem Erhalt eines großen Naturgefüges. Höre ihm genau zu, auch wenn Dich sein durchdringendes Geheul schaudern lässt!

Fühlt es sich für Dich auch so gut an, in einer Familie zu leben?
Gemeinschaft ist für mich absolut das Höchste!
Mein Partner und das ganze Rudel können sich
felsenfest auf mich verlassen, ein Leben lang.
Es ist gut, auf sein inneres Wissen zu lauschen,
von wegen „niedere" Instinkte!
Mein schöner Körper, meine Klugheit, ein fester Charakter
spiegeln Dir, wer DU sein kannst.
Nimm Deine Stärke dankbar an!

Die erlösende Kraft der Liebe

Geht Dir eine körperliche Erkrankung, ein psychisches Leiden, ein permanentes Eingeschränktsein so zu Herzen, dass Du keinen Ausweg mehr findest aus der Umklammerung und Beengtheit Deines gegenwärtigen Zustandes?

Nimm so liebevoll, wie Du nur kannst, Kontakt auf mit dem Organ oder dem Teil Deines Körpers, wo sich der Schmerz am drängendsten meldet! Schicke die gebündelte Kraft Deiner Liebe in dieses scheinbar wie von selbst funktionierende, auf wundersame Art gesteuerte Lebenssystem, mit dem Du im Moment Deiner Zeugung beschenkt wurdest! Lasse Deine Liebe heilend einfließen!

Fühlst Du Dich manchmal im Stich gelassen und von den anderen Menschen isoliert?
Ziehst Du selbst einen Graben, der Dich von einem oder mehreren Menschen trennen soll, um Dich zu schützen, um Dich zu rächen, um einen Vorteil zu erlangen?

Manchmal erscheint eine solche Trennung unvermeidlich, fast schicksalhaft festgelegt und nicht überwindbar. Wenn Du schon einige vergebliche Versuche unternommen hast, lässt die Kraft nach, die Hoffnung schwindet. Wo sich Gewohnheit breit macht, Gruppenzwänge regieren, der „normale Alltag" wichtiger und das eigene Überleben drängender geworden sind, braucht es „übermenschliches" Können. Lass Dir vom Wolf den Weg aufzeigen. Er ist nicht wirklich so grimmig, wie er zu sein scheint, er ist auf „einfache" Weise stark.

Hast Du bereits gelernt und im tiefsten Innersten erfahren, wie liebenswert Du bist?
Kennst Du Deine innere Schönheit? Kannst Du Dich fröhlich und beschwingt in den Augen Deiner Mitmenschen spiegeln?
Bist Du FREI, Dein Gegenüber aufrichtig zu lieben?

Betrachte die vollkommene Schönheit des Wolfes, seine Gewandtheit, seine Einsatzbereitschaft, lausche der durchdringenden Kraft seiner Stimme!
Eingebettet in den Kreislauf der Natur, untrennbares Mitglied seines Rudels, instinktiv verschmolzen mit den sinnvoll geregelten Abläufen des Lebens schützt er die Seinen, ohne auf eigenen Vorteil zu pochen. Er ist Teil eines großen Ganzen. Er ist auch DEIN Bruder.

Bist Du ernsthaft auf der Suche nach dem einen, allumfassenden GOTT, jenseits von Religionszugehörigkeiten, Spaltung und belehrenden Abgrenzungen?
Suchst Du Antworten und Auswege, wenn der eigene Schmerz und das Leid der Welt schwer und unlösbar erscheinen?

Die einzig „denkbare" Antwort darauf lautet: Vertraue kindlich auf die Erfahrbarkeit der ALLUMFASSENDEN LIEBE und ergib Dich ihr!

<u>Die Botschaft des Minerals und der Pflanzen</u>

Rosenquarz
*Voller Dankbarkeit erfahre ich, wie gut ich geschützt bin.
Liebevoll, zärtlich und zufrieden
genieße ich die Beziehung zu mir selbst und zu den anderen Menschen.
Fantasievoll, schöpferisch und auf den rechten Zeitpunkt vertrauend
gebe ich mich meiner Entwicklung hin.*

Weißdorn
*Indem ich alle erlittenen Verluste
als Teil meiner selbst anzunehmen lerne,
erfahre ich meine tiefe Trauer als reinigende Kraft.
Mein Herz öffnet sich der lebendigen Schönheit
und ich erhalte Zugang zu wahrhafter Liebe.
Ich erlebe Leidenschaft und Zärtlichkeit
und die Heilung meiner Beziehungen.*

Chicory = Wegwarte (Bach – Blüte Nr. 8)
*Wenn ich Anschluss an die göttliche Liebesquelle
im eigenen Inneren finde,
erhalte ich das, was ich vergebens im Außen suche.
Wenn ich Liebe gebe, kommt auch Liebe zurück.*

Willow = Weide (Bach – Blüte Nr. 38)
*Schuldzuweisungen haben mich nicht weitergebracht.
Ich lerne mir und den anderen Menschen
von ganzem Herzen zu vergeben
und beende jetzt alle Feindschaften.
So kann ich mich voller Liebe dem Leben neu zuwenden.*

(Gamander-) Ehrenpreis
Je besser ich lerne, meine Gefühle wahrzunehmen und auszudrücken,
desto größere Freude bereitet es mir,
mit anderen zu teilen.
Ich entdecke dabei in mir meine weiche, rücksichtsvolle Seite.

Gänsedistel
Ich darf Licht und Liebe in mein Herz lassen.
So kann ich der Welt ins Auge schauen
und alle mich behindernden Ängste hinter mir lassen.

Sumpfherzblatt
Ich finde zu innerem Frieden
und öffne mich meiner Spiritualität.
Frei von Angst erlebe ich den Zugang zu wahrem Glück,
zu Lebensfreude und Heiterkeit.

Ysop
Endlich verstehe ich, dass ich nicht immer vollkommen sein muss.
Indem ich mein Bestes gebe und aus meinen Handlungen lerne,
kann ich Schuldgefühle endlich loslassen
und zeige auch den anderen gegenüber mehr Mitgefühl.

Lotus
Ich gehe liebevoll und milde mit mir selbst um.
So entwickle ich auch liebevolles Verständnis für andere
und erfahre inneren Frieden.
Endlich darf und will ich werden, wer ich wirklich bin.
Ich fühle mich vollkommen gelassen, offen und ausgeglichen.

Zusammenfassung

Selbstliebe ist für Deinen Verstand nichts Selbstverständliches,
sie scheint Dir nicht angeboren zu sein.
Und doch ist sie ein wundervolles göttliches Geschenk,
weil DU ein Geschenk bist an diese Welt des irdischen Seins.

Um zu erkennen, wer Du wirklich bist,
immer schon so gewollt und so wundervoll,
musstest Du lange durch die Wüste gehen
auf der Suche nach dem kostbaren Wasser des Lebens.

Aber jetzt bist Du angekommen,
in Deinem innersten unverletzbaren Selbst.
Mit dieser Erkenntnis wirst Du auch Deine Mitmenschen
ganz neu sehen und wertschätzen.

**Lasse Dich ein auf diesen köstlichen Austausch von Einatmen und
Ausatmen, von Musik und Stille, von Geben und Nehmen.
Genieße das Schwingen der Liebe, das uns alle durchdringt und
auf immer verbindet!**

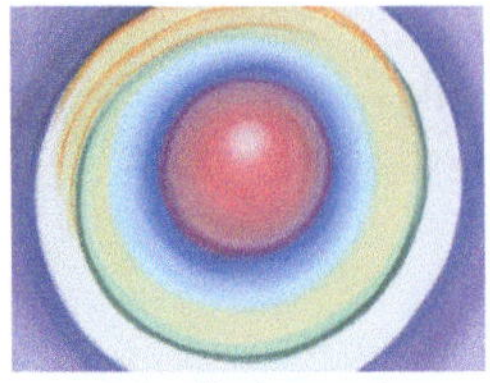

Mudjekeewis
©Michaela Sommerfeld

Wal
Pixnio CC0

Hämatit

Olive
Pixabay: Ulrike Leone

Wild Oat=Waldtrespe

Efeu
Pixabay : Franz W.

Forsythie
Public Domain
Leo Michels

Immergrün
Public Domain
Leo Michels

Labkraut
gemeinfrei

Weigelie
Pixabay
Kerstin Riemer

<u>Mudjekeewis – Hüter des Westens</u>

Der Sommer ist zu Ende gegangen und es braucht eine Menge Mut und Zuversicht, auf unserem Weg nach vorne zu schauen. Was wird uns erwarten, wenn dieses Jahr, oder gar unser ganzes Erdenleben einem immer deutlicher werdenden Ende entgegenstrebt? Wie gut zu wissen, dass uns jetzt Mudjekeewis, der starke Grizzly, anleitet. Er ist ein verlässlicher Führer durch die Tage und Nächte, die vor uns liegen. Aufrechtstehend und voller Würde hat er festen Stand auf der Erde. Sein Kopf zeigt himmelwärts, ist frei vom Planen und sinnlosen Wollen, einzig ausgerichtet auf das köstliche Sein des Augenblickes.

Grizzly: Public Domain

Bei Mudjekeewis findest Du Antwort auf all die Fragen, die Dir kein Mensch, und sei er noch so klug, je wird beantworten können. Das Woher, das Wohin, den Grund Deiner irdischen Existenz, den eigentlichen Sinn hinter allem Sein wirst Du immer nur in der Mitte finden, in der vollkommenen Stille, wo Tag und Nacht ineinander verschmelzen.

Auch der Wal in all seiner Größe und Dominanz kennt seinen eigenen Ursprung nicht. Geduldig und aufmerksam lässt er sich leiten von der höheren, unerforschlichen Macht des aufgerichteten Grizzlybären. Die wahre Kunst des Verstehens liegt im ergebenen, dankbaren Annehmen all dessen, was ohne eigenes Zutun geschieht. So wird Raum geschaffen für das scheinbar Unmögliche.

Das Thema des Wals

Sich als Säugetier im Wasser im Wasser zuhause zu fühlen, das will echt gelernt sein!! Der Wal, eines der ältesten Säugetiere, wird bis zu 30 Metern lang und hat sich die Ozeane erobert. Aufgrund seiner imposanten Ausstattung weckt er seit Urzeiten die Begehrlichkeit des Menschen.

Wenn Du GUT leben, wenn Du ÜBERLEBEN willst, solltest Du seinen Unterwassergesängen lauschen:

Hallo, Mensch, wie wäre es
mit einem kleinen Anfängerkurs für "Nichtschwimmer"?
Sei herzlich eingeladen,
Dir anzusehen und in Echtzeit mitzuerleben, was Du angerichtet hast!
Seit so vielen Jahren ging es mir gut inmitten der Wassermassen.
Die Umgebung war sauber,
perfekt für mich und alle übrigen Meeresbewohner.
Geschickt und umsichtig habe ich mich den Gegebenheiten angepasst,
konnte mich trotz stattlicher Größe wundervoll nähren,
konnte wachsen und gedeihen.
Ich habe euch Zweibeiner großzügig miternährt,
euch gegeben, was ich zu bieten hatte,
selbst mein eigenes Leben.
Und nun?
Viele von uns sind bereits eurer überbordenden Gier
zum Opfer gefallen.
Die Wasser sind verschmutzt und mit Plastik zugemüllt.
Ja seid ihr noch zu retten???
Du darfst mich gerne eine Runde begleiten, mittauchen und mitsingen.
Tu es mit Köpfchen, tu es mit Bedacht und Achtsamkeit!
Mache die Augen auf, die Ohren auf, Dein Herz ganz weit auf!
Atme tief ein und ganz tief aus!
Lass die Fontäne spritzen und fühle, wie leicht alles wird,
wenn Du Dich EINS erklärst mit der Natur, die Dich so herrlich umgibt!

<u>Die erlösende Kraft der Erfahrung</u>

Was bringt Dich körperlich oder seelisch aus dem Gleichgewicht? Was raubt Dir den Schlaf? Welches Gebrechen, welche Behinderung stürzt Dich in die Hoffnungslosigkeit? Welchen Punkt Deines Lebens möchtest Du nicht sehen, was am liebsten totschweigen?

Auf so große Fragen braucht es große Antworten. Schmerz, Krankheit und Tod sind so alt wie die Menschheit. Der Wal ist älter. Vielleicht braucht es mehr Weisheit, als wir mit unserem klugen Verstand aufbringen können, um zu der Ruhe und Entspanntheit zu gelangen, die sich im tiefsten, wahrhaftigsten Sinne als einen Zustand vollkommener Gesundheit beschreiben lassen?

Bist Du dem Räderwerk Deines Kopfes ausgeliefert? Neigst Du dazu, ständig zu verbessern, zu bewerten und die Interessen, Gedanken, Taten anderer Menschen abzuwerten?

Lass Dir vom Wal auf Grund seiner weitreichenden Erfahrung zeigen, was sinnvolle Anpassung an Gegebenheiten wirklich bedeutet. Lass seine Informationen und Energien in Dir WIRKEN und zur Entfaltung kommen!

Hast Du den Mut, zu erkennen und auszuhalten, wer Du wirklich bist? Mutest Du Dich dem Gegenüber zu, so wie Du bist, mit Deinen Stärken, Fehlern und Schwächen?

Wenn Du das Prinzip der Gleichwertigkeit zu erfassen und anzuerkennen vermagst, bist Du auf dem GUTEN Weg. Einheit entsteht auf natürliche Weise da, wo Du Dich nicht selbst „künstlich" abtrennst.

Kennst Du Deine Lebensaufgabe? Drängt es Dich, den RICHTIGEN Platz einzunehmen?

Antworten findest Du bei den Religionen, wenn Du bewertungs-FREI und offen hinhörst, was die Menschheit im Laufe ihrer langen Suche und Entwicklung erfahren durfte. Wir kennen längst die Einheit allen Seins. Aber sie will nicht nur erfahren, sondern GELEBT werden! Beteilige Dich daran im Rahmen Deiner Fähigkeiten und Möglichkeiten. So ist es genau RICHTIG für die anderen und für Dich.

Die Botschaft des Minerals und der Pflanzen

Hämatit

*Befreit von Zwängen, Stress, Vergesslichkeit und Ängsten
kann ich mich vollständig regenerieren und fühle ich mich
optimistisch, ausgeglichen und kann mich bestens selbst versorgen.*

Olive (Bach - Blüte Nr. 23)

*Ich lerne auf die eigenen Bedürfnisse zu achten
und erhalte Kraft in schwierigen Lebenssituationen.
Was ich im Guten und Bösen durchlebt habe,
führt mich zu innerem Gleichgewicht
und zeigt mir aus höherer Sicht, welchen Platz ich einnehmen darf.*

Waldtrespe = Wild Oat (Bach - Blüte Nr. 36)

*Ich öffne mich dafür, meine Fähigkeiten und Begabungen
zu erkennen und richtig einzuschätzen.
So finde ich meine Lebensaufgabe und gehe unbeirrt meinen Weg.*

Efeu

*Ich erkenne, wer ich wirklich bin.
Indem ich mich selbst annehme und lerne, mich zu akzeptieren,
erhalte ich genügend Kraft, um Verhaltensweisen zu ändern.*

Forsythie

*Ich erhalte den inneren Schwung und die Motivation,
alte nutzlose Verhaltensmuster zu transformieren.*

Immergrün

*Endlich kann ich mich wieder genau und klar an alles erinnern.
Das hilft mir, Niedergeschlagenheit und Depression zu überwinden.
Ich verspüre eine neue Leichtigkeit in mir.*

Labkraut
Ich finde in mir echter Freude, Klarheit, Stärke und Zielstrebigkeit.
Dadurch fühle ich mich gereinigt und erhalte Lichtenergie geschenkt.
Heftige Gefühle werden gelindert.
Ich kann schmerzhafte Erfahrungen vergeben und loslassen.

Weigelie
Ich kann die gemachten Erfahrungen
körperlich und emotional integrieren.
So erlange ich Weisheit des Herzens.

Zusammenfassung

Alle Erfahrungen, die Du im Laufe Deines Lebens durchläufst,
dienen einem einzigen Zweck: Erkenne, wer Du wirklich bist.
Die Dir eigene Schöpferkraft und Allmacht
kommt in äußeren Geschehnissen zum Ausdruck,
auch wenn es Dein Verstand nicht begreift
und er es nur selten zu akzeptieren bereit sein mag.
Je leichter, liebevoller und zuversichtlicher Du
an die Dinge heran gehst,
desto schöner fügt sich Dein Leben.

Nütze all Deine Kraft und Dein Sein, Dein Denken und Handeln,
Dir ein schönes, friedvolles Leben zu erschaffen.
Lass alles in seinem natürlichen Rhythmus geschehen,
anstelle zu bewerten und verurteilen!
Nimm Gegebenheiten an, ohne aufzubegehren!
Eingebunden in das Große Ganze hat jede/r/s seinen rechten Platz.

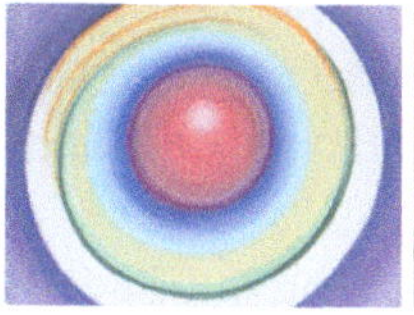   

Mudjekeewis	Maus	Lapislazuli	Mustard=Ackersenf
©MichaelaSommerfeld	Pixabay		CC0 Public Domain
	Capri23auto		fiorodi-senape

Pine = Kiefer	Kamille	Blutweiderich	Essigrose
			Pixabay: lapping

Fünffingerkraut	Rettich	Traubenhyazinthe	Waldwachtel –
Gemeinfrei: AnRo	Public Domain	Public Domain	weizen
	Leo Michels	Leo Michels	P.D. Leo Michels

Das Thema der Maus

Wie gut, dass unser inneres Kind im Westen des Medizinrades von einem so mächtigen, aufrechten Geistführer angeleitet wird!

Bei Mudjekeewis darfst Du Dich anlehnen wie an einen liebevollen, wohlmeinenden Vater. Der Grizzlybär spendet Wärme und lässt Fürsorge zuteilwerden.

Er steht nämlich in enger Verbindung zur Thematik von Sonne und Mond, die im herbstlichen Abschnitt des Medizinrades eine bedeutende Rolle spielen. (Mehr dazu erfährst Du in Kapitel Zwei.)

Falls Du mich jetzt fragst: Aber wo bleibt die Mutter???, muss ich Dir leider antworten: Das genau ist der Haken an dieser Position. Unser inneres Kind, das am meisten leidet und sich vor Schmerzen geradezu krümmt, entbehrt momentan den Schutz von Mutter Erde. Irgendwie erscheint uns das sinnlos.

Vielleicht weiß die Maus eine Lösung.
Fragen wir sie doch einfach!

Die Maus ist eine von den KLEINEN, die leicht mal übersehen werden. Sie lebt in ihrer überschaubaren Welt, meist zurückgezogen und mit sich zufrieden. Verirrt sie sich unvorsichtiger Weise in die Außenwelt, kommt es zu unterschiedlichen Reaktionen:

Den einen macht sie so Angst, dass sie schreiend auf die Stühle flüchten, die anderen bewundern ihr niedliches Aussehen und würden am liebsten stundenlang mit ihr kuscheln.

Was aber will die Maus?

Ihre Botschaft ist wirklich „zum Piepen":

Ich liebe mein bescheidenes, überschaubares Dasein
und mein gewohntes Umfeld.
Warum sollte ich immerzu in die Ferne kucken?
Ich kann es ja sowieso nicht.
Das GUTE liegt doch direkt vor meiner kleinen Schnuppernase!
Vielleicht wird es Zeit für dich,
auch mal mehr nach INNEN zu schauen?
Lass dich überraschen von der Vielfalt
und zugleich Einzigartigkeit,
die es in dir zu finden gibt.
Genieße die Ähnlichkeit mit den anderen
und feiere deine Unterscheidbarkeit!
Im Rückzug findest du Geborgenheit
und zugleich das nötige Vertrauen,
um über den Tellerrand hinauszuschauen.

Die erlösende Kraft der Einsicht

Leidest Du häufig unter schwer einzuordnenden körperlichen Symptomen und Missempfindungen, Krankheiten, die sich nicht recht benennen lassen, einem allgemeinen Unwohlsein?
Die Maus stößt Dich mit ihrer kleinen Schnuppernase an, auf den springenden Punkt zu achten. Der aber befindet sich in Deinem eigenen Inneren, nicht im Außen, wie Du vielleicht glaubst. Nicht der/die andere verursachen Deine Beschwerden, nicht die Viren sind Schuld an Deiner Misere. Lerne Deine Signale richtig zu deuten!

Beobachtest Du, dass wiederkehrende Gedanken Deine Stimmung beeinträchtigen und Dein Wohlbefinden trüben? Hältst Du an bestimmten Vorstellungen fest, die Dich nach Unten ziehen?
Begreife, dass Gedanken nur Konstrukte sind, die in Deinem Kopf entstehen und an denen Du Dich festklammerst, obwohl es sich nicht wirklich gut und hilfreich anfühlt! Halte inne und lausche! Die Stimme der Seele ist leise. Wir können sie nur hören, wenn keine Ab-Lenkung stattfindet.

Ist Dein Gefühlshaushalt völlig durcheinandergeraten? Oder bist Du bestens geübt, Ärger, Trauer, Resignation so tief in Dir zu verbergen, dass Du sie selber kaum noch wahrnimmst, bis Du regelrecht „explodierst" und damit die Außenwelt und Dich selbst in Verwirrung setzt? Fühlst Du Dich manchmal hilflos, als „Opfer" der Umstände oder des Schicksals?
Lerne unter Anleitung der freundlichen, kleinen Maus die Wirklichkeit einzugrenzen und von allen Seiten zu be-GUT-achten! Verlasse die Abgründe und gehe stattdessen in die Tiefe Deiner Seele.
Hier erwartet Dich die eigentliche Lösung: Du bist von Anfang an gewollt, kostbar und liebenswert, untrennbarer Teil des Großen Ganzen.

Haderst Du mit Deinem Schicksal? Versuchst Du Dich dem Fluss des Lebens zu widersetzen, weil er Deiner Ansicht nach in die falsche Richtung geht, weil er Deine Interessen außen vor lässt, weil er gegen Dich gerichtet scheint?

Wenn Du doch akzeptieren könntest, dass es das Leben GUT mit Dir meint, es immer schon GUT gemeint hat! Dass dies nicht hohle Worte und leere Phrasen sind, „sinnloser Käse" und „Speck für die Mäuse". Wie erleichtert wärst Du, wie zufrieden würdest Du Dich fühlen? Wenn Du endlich ankommen dürftest, geborgen und umarmt? Ja, dazu gehört großer Mut, der Mut der „kleinen Leute": die Demut – und die EINSICHT!

Die Botschaft des Minerals und der Pflanzen

Lapislazuli
Befreit von Vorurteilen, Misstrauen und Ängsten
lerne ich auch mir selbst zu vertrauen und mich zu akzeptieren.
So kommen Ruhe, Stabilität und wahre Freundschaft in mein Leben.

Mustard = Ackersenf (Bach-Blüte Nr. 21)
Werden und Vergehen sind der natürliche Prozess des Lebens.
Indem ich lerne, mich mit der Dunkelheit zu versöhnen,
schaffe ich Raum für Licht und Freude.

Pine = Kiefer (Bach - Blüte Nr. 24)
Ich lerne mich zu akzeptieren, wie ich bin
und freue mich über mein Leben.
Befreit von der unnötigen Frage nach Schuld und Fehlern
begegne ich meinen Mitmenschen verantwortungsvoll und offen.

Kamille
Ich habe den Ort gefunden,
wo meine körperlichen und seelischen Verletzungen ausheilen können.
Tief in mir begegne ich einer höheren, göttlichen Macht,
die mich lehrt, alles zu akzeptieren, was geschehen ist.
So erhalte ich Zugang zur universellen Wahrheit.

Blutweiderich
Indem ich mir bewusst mache,
dass aus jedem Verlust etwas Gutes erwachsen kann,
begegne ich sogar tiefgreifenden Veränderungen entspannter.

Essigrose
Endlich kann ich Unversöhnlichkeit und Kummer hinter mir lassen.
Ich wage, liebevoll auf Menschen zuzugehen,
die mir mein eigenes Unvermögen spiegeln.

Fünffingerkraut
Ich bin bereit, seelische Verletzungen anzuschauen
und lerne, loszulassen.
Indem ich auf meine Träume achte, finde ich erstaunliche Lösungen.

Rettich
Ich erhalte den Mut,
mich meinem Verlust und meiner Trauer ehrlich zu stellen
und die nötige Seelenkraft,
um sie zu verarbeiten.

Traubenhyazinthe
Wenn ich mich gestresst und regelrecht verzweifelt fühle,
erlebe ich die Wohltat, auf das Gute hoffen zu können.
So finde ich inneren Ausgleich und Stabilität in schweren Zeiten.

Waldwachtelweizen
*Ich kann mich selber besser wahrnehmen
und komme meinen alten Denkmustern auf die Spur.
Dadurch entwickle ich Selbstsicherheit.
Sanft und schrittweise lösen sich alte Blockaden aus der Kindheit.*

Zusammenfassung

Es braucht schon gewaltigen Mut, Ehrlichkeit und Seelenkraft,
um uns auf unsere inneren Tiefen und Untiefen einzulassen.
Wenn wir uns bereit machen,
dem Schmerz unserer Kindheit den Raum zu geben,
den das kleine, schutzlos scheinende Wesen in uns beansprucht,
benötigt das viel Zeit und die ewige göttliche Stille.
Aber die Früchte dieser Arbeit schmecken köstlich
und nähren uns auf dem Weg in die Welt
hin zu den Menschen, die wir lieben.

**Im Kreis des Medizinrades bist Du nie allein gelassen.
Nütze die vielfältigen Hilfen
all der Steine, Pflanzen, Tiere und Menschen,
die Deinen Weg säumen und Dich begleiten!
Da es nicht wirklich ein Außen gibt
und alles EINS ist
wirst Du dabei der allumfassenden Liebe begegnen.**

Mudjekeewis
©Michaela Sommerfeld

Ameise
Pixabay: macrotiff

Bernstein

Brennnessel

Rote Kastanie=
Red Chestnut
Pixabay
Mona El Falaky

Eisenkraut=
Vervain
Public Domain
Leo Michels

Rittersporn=
Larkspur
Public Domain
Leo Michels

Fuchs´ Kreuzkraut
Public Domain
Leo Michels

Zypressen-Wolfsmilch
Public Domain
Leo Michels

Zittergras= Quaking Grass
Pixabay
Hans Braxmeier

Das Thema der Ameise

Der Herbst geht zur Neige und wir dürfen gemeinsam am Medizinrad den letzten Schritt zur Mitte tun. Nach all den Fragen, sinnlos erscheinenden Kämpfen, überbordenden Wünschen soll uns also ausgerechnet das winzigste Tier im Kreis noch eine überraschende Antwort übermitteln?!
Da scheint es folgerichtig, dass der mächtige Mudjekeewis noch einmal seine gewaltige Stimme ertönen lässt und uns erinnert, dass eben letztendlich alles EINS ist. Stell Dich also aufrecht hin, so wie der Grizzly, den Kopf zum Himmel gewandt, und fühle Deine innere Stärke. Danach neige Dich demütig nach unten, geh in die Knie und erfahre Dich in Deinem Unbedeutendsein! In dieser Position lernt es sich am leichtesten, lächel. Beobachte und lausche!

Als Einzelkämpfer ein unscheinbares Insekt, das Du allzu leicht übersehen und gar zertreten könntest, beweist die Ameise im großen Verbund ihre wahre Stärke. Wenn Du eine Weile das emsige Treiben eines Ameisenhaufens beobachtest, wirst Du respektvoll Abstand halten, falls Du nicht in Sekundenschnelle bekrabbelt werden willst.

Ja, wir beginnen still und unbemerkt mit der Arbeit.
Aber in Nullkommanichts entsteht ein großartiges Gebilde,
in dem es sich wahrlich zu leben wohnt.
Wir rennen, wir schleppen, wir bauen
fleißig und zielgerichtet.
Bei schönem Wetter tragen wir unseren Nachwuchs
ans Licht der Sonne.
Wenn Gefahr droht, halten alle zusammen.
Wir nützen die Kräfte des Waldes
und unterstützen uns gegenseitig.
Fazit: Was alleine nicht zu bewältigen ist,
schafft die Gruppe mit links.
Es ist so einfach:
Du brauchst nur Deinen Teil beitragen.

<u>Die erlösende Kraft der Stärke</u>

Fällt Dir die tägliche Arbeit schwer, fühlst Du Dich körperlich überfordert und überanstrengt, fehlt Dir der Antrieb, das (vielleicht vom Arzt verordnete) Gesundheitsprogramm regelmäßig zu absolvieren?
Dann solltest Du Dich nach Helfern und Gleichgesinnten umsehen. Niemand muss und kann alles alleine schaffen. Auch wir Menschen sind von Natur aus soziale Wesen. Erfahre die Verbundenheit, das Wohlwollen und die Stärke der Gruppe!

Unterliegst Du irgendwelchen Gruppenzwängen? Beobachtest Du, dass oft wiederkehrende Redewendungen und sanktionierte Meinungen sich gegen ein vermeintlich feindliches Außen richten, dass Deine Gruppierung begonnen hat, sich vom sozialen Umfeld abzuschotten?
Hier ist Deine eigene Stärke und Gedankenkraft gefragt. Sinnvolle, tragfähige Entscheidungen wollen zum Wohle aller Beteiligten getroffen werden. Achte darauf, dass der Urgrund, der euch alle trägt, nicht leichtsinnig und unüberlegt zerstört wird. Lass Dir nicht den Mund verbieten, kommuniziere überlegt und durchaus hartnäckig, bis ihr alle zu einem wohldurchdachten, GUTEN Ergebnis kommt! Suche Dir ein soziales Gefüge, das sich für Dich durchgängig stimmig anfühlt!

Hast Du großartige Pläne und Visionen, zu deren Umsetzung die Energie eines/r Einzelnen nicht ausreicht? Macht Dir die Größe Deines Vorhabens Angst, würdest Du Dich am liebsten verstecken und aufhören, bevor Du damit begonnen hast? Ist die Last, die Dir auferlegt wurde, zu schwer?
Teile Deine Gefühle, sprich aus, was Dich bewegt! Lass die anderen teilhaben, an Deinem Mut, an Deiner Mutlosigkeit, an Deiner Freude und an Deiner Trauer!

Bist Du HIER und HEUTE bereit und willens, Dich Deiner Lebensaufgabe zu stellen? Hast Du erkannt, dass Du eingebunden bist in ein Großes Ganzes? Erfüllt Dich Begeisterung und Freude über das gesteckte Ziel? Hält Dich nichts mehr zurück auf dem direkten Weg zur Mitte?

Mobilisiere Deine demütige Ergebenheit und Treue, nimm innigen Kontakt auf mit dem in sich geschlossenen Kreislauf des Lebens! Gehe in kleinen sorgfältigen Schritten voran, eingebunden in die natürliche Gemeinschaft allen Seins! Reiche Deinen Brüdern und Schwestern, den Steinen, Pflanzen, Tieren, Mitmenschen die Hand! Öffne Dein Herz! Erkenne, dass Du eins bist mit allem, was ist, und dass Du es immer schon warst!

Die Botschaft des Minerals und der Pflanzen

Bernstein
*In Körper, Geist und Seele gefestigt setze ich mir
selbstbestimmt, erfüllt von Hoffnung und Entschlusskraft
innerlich ganz ruhig meine höchsten Ziele.
So aktiviere ich mein heilendes Potential und kann Erlösung finden.*

Brennnessel
*Ich finde die Kraft, mich an neue Situationen anzupassen
und meine persönlichen Bedürfnisse anzumelden,
ohne andere zu verletzen.
Mutig übernehme ich Verantwortung
und gebe mich dem Fluss der göttlichen Energien hin.
So erlebe ich friedvolle Gemeinschaft mit allem Sein.*

Red Chestnut = Rote Kastanie (Bach-Blüte Nr. 25)
*Ich fühle mich innig mit meinen geliebten Menschen verbunden
und nehme mich zugleich selber besser wahr.
Darauf vertrauend, dass die anderen gut behütet sind,
kann ich meine Sorgen loslassen.*

Vervain = Eisenkraut (Bach-Blüte Nr. 31)
*Ich begeistere mich für meine Vorhaben
und schätze dabei mein eigenes Potential richtig ein.
Indem ich auch die Standpunkte und Reaktionen meiner Mitmenschen
realistisch einbeziehe,
kann ich die Dinge entspannter und leichter angehen.*

Rittersporn = Larkspur
*Um meine Führungsrolle gut auszufüllen,
lerne ich, gleichmütig, großzügig und nachsichtig zu sein.
Ich bemühe mich um das Gemeinwohl
und gestehe den anderen ihre eigenen Entwicklungsmöglichkeiten zu.*

Fuchs´ Kreuzkraut/ Greiskraut
Ich werde zunehmend offener, freier und flexibel.
Da ich lerne, die Dinge neutraler zu sehen,
entwickle ich mehr Selbstbewusstsein
und kann leichter mit anderen Menschen umgehen.

Wolfsmilch (Zypressenwolfsmilch)
Ich lebe meine feurigen Energien angemessen aus,
indem ich spontan handle,
aber zugleich verantwortungsvoll und diszipliniert bleibe.

Zittergras = Quaking Grass
Ich bin gewillt und fähig, mit anderen zusammenzuarbeiten
und genieße die Zugehörigkeit zu einem Team.

Zusammenfassung
Wenn wir wirklich bereit waren, das Medizinrad vollkommen zu umrunden,
bleibt die Erkenntnis nicht aus, dass wir keine Einzelkämpfer sind
und hier auf der Erde
EINE große, gemeinsame Aufgabe zu bewältigen haben.

Nimm dankbar das Geschenk des Lebens an in der Erkenntnis,
dass DU hier wichtig bist, dass DEIN persönlicher Einsatz,
DEINE Stärke, DEINE Liebe gebraucht werden,
um ALLES zu vervollkommnen, was ist.
Handle ruhig und konzentriert im Hier und Jetzt!
Gemeinsam erschaffen wir, was uns und unserer Erde dient.

Teil Zwei: Übergänge – Kraft der Wandlung

Vier geistige Hüter - vier Wandlungspunkte
Betrachte aufmerksam die vier jahreszeitlichen Energien,
die Michaela Sommerfeld
in ihren ausdrucksstarken Bildern eingefangen hat!

Der Hüter des Nordens: Waboose

Winter

Der Hüter des Ostens: Wabun

Frühling

Der Hüter des Südens: Shawnodese

Sommer

Der Hüter des Westens: Mudjekeewis

Herbst

<u>Im ständigen Wechsel</u>

Die meiste Zeit unseres Lebens schreitet das Jahr fließend voran. In den seltenen Fällen, wo ein abrupter Wechsel spürbar wird, empfinden wir dies als Schock oder als besonderen Glücksmoment. Dann sind wir dazu gezwungen – oder bereit, innezuhalten.

Wir können uns derartige Augenblicke auch aus freiem Zutun erschaffen, wenn wir das wirklich WOLLEN.
Jedes Mal, wenn eine neue Jahreszeit beginnt, treffen zwei sehr unterschiedliche Energien aufeinander. Dies sind kostbare Momente, die Du für Deine Lebensgestaltung nutzen kannst.
Denn die im Kalender vorgegebenen Wendepunkte bieten uns Gelegenheit, innezuhalten, bei uns selbst anzukommen und NEU durchzustarten.

Menschen, die an einem der vier Übergänge geboren sind, spüren diese Kraft in besonderem Maße. Wenn sie sich ihrer angeborenen inneren Widersprüchlichkeit stellen, werden sie ihr besonderes Potenzial schätzen lernen und Kraft daraus schöpfen. Die Auswirkungen dieser besonderen Stellungen sind bereits einige Tage vorher spürbar.

Am Medizinrad lassen sich derartige Übergänge eindrucksvoll fühlbar und sichtbar machen. Tiere und Pflanzen beherrschen die unverfälschte Sprache des Herzens.

Du benötigst nur einen stillen Moment der Ruhe und einen bewussten Atem, gerne auch im Kreis Gleichgesinnter, um zu erleben, was täglich, stündlich, in jeder Sekunde Deines Lebens geschieht: der unaufhaltsame Fluss im HIER und JETZT, die Zeitlosigkeit des ewigen Seins.

**Hier begegnen wir der Essenz der Dankbarkeit
und die ist der Nährboden Deines Glückes.**

Erster Wandlungspunkt: Wintersonnenwende 22. Dezember

Verbindung von Seele und Körper

Diese Stellung ist besonders hilfreich für Menschen, die vom 19. bis 22. Dezember geboren sind.

Mache Dir bewusst, dass hier bei Waboose, wo gerade der Winter beginnt, nicht bloß eine Jahreszeit, nämlich der Herbst, verabschiedet wird, sondern ein ganzes Jahr!

Das große übergeordnete Thema des herbstlichen Geisthüters Mudjekeewis „**Ich bin eins mit allem, was ist**" mündet ein in die widersprüchliche Botschaft von Waboose, der weißen Büffelfrau:

Indem ich mich dem Fluss des Lebens hingebe,
habe ich einen festen Stand auf der Erde.

Größer könnte der Absturz nicht sein: von den spirituellen Erkenntnissen und übersinnlichen Ausblicken hinunter zu den Anfängen des Lebens und den Mühen des banalen Alltags, von der reichen Ernte zur kargen Mühsal eines schneebedeckten Feldes. Ein Glück, das die starke zielgerichtete Donnervogel-Energie von Wapiti uns vorantreibt. Wer will schon freiwillig hinaus in die Kälte!

Aber unter der gefrorenen Erde wächst neues Leben heran. Die Tage werden heller, das Licht siegt über die Dunkelheit.

Zu keinem Zeitpunkt des Jahres wird es Dir leichter gelingen, Altes loszulassen in der Gewissheit, dass sich die leergewordenen Hände wieder füllen werden.

Krafttiere der Wintersonnwende

Grizzly
Public Domain

Büffel
Public Domain: Jack Dykinga

Wapiti: CC-By-Sa-3.0 Hans-Jürgen Hübner

Schneegans: Pixnio

Ameise: Pixabay macrotiff

Waschbär: CC-BY-SA-2.5 Hedwig Storch

Donnervogel: ©Verena Kasparek

Seeschildkröte: Pixnio

Übung 1:

Betrachte die jeweils nebeneinanderstehenden Tiere!

Wohin fällt Dein erster Blick, welches Bild „berührt" Dich in Deinem Innersten?

Meldet sich noch Widerstand gegen eines der abgebildeten Weggefährten Deines Lebens?

Wo genau in Deinem Körper bemerkst Du diese Abneigung??? Versuche, Deine Empfindungen so genau zu beschreiben wie möglich!

Übung 2:

Stelle Dich aufrecht hin mit dem Blick zur Mitte Deines ausgelegten oder aufgezeichneten Medizinrades!

Befindet sich eines Deiner bevorzugten Tiere auf der linken Seite?

Bei diesem Symbol begegnest Du der ausklingenden Energie des Herbstes, der Kraft Deiner Seele. Du fühlst Dich in Deiner Mitte, bist bei Dir angekommen. Du kennst die anstehenden Schritte, ohne in den Widerstand zu gehen, ohne Dich aufzubäumen, ohne irgendeinen Vorwurf.
STOPP: Nicht gleich wieder denken und bewerten!!!!

**Genieße den Moment! Bleibe im JETZT! Atme die stille Ruhe in Dir.
Sei frei für die Vision Deines Lebens, die sich in Dir breitmacht,
ohne dass Du einen einzigen Gedanken verschwenden müsstest.
Erkenne: Alles ist schon da. Alles ist eins.**

Übung 3:

Betrachte noch einmal aufmerksam alle vier Bilder der linken Seite!

Wähle dasjenige Tier aus, das Dir momentan am wenigsten angenehm ist! Sei ganz aufmerksam und fühle den Widerstand, der sich in Dir regt! Rufe das Tier mit Namen und sprich:
Grizzly/ Wapiti/ Ameise/ Donnervogel
Danke, dass Du da bist und mir meinen Weg zeigst. Schau freundlich auf mich. Leite mich an, besonders wenn ich stolpere. In meinem Herzen ist Platz für Dich, auch wenn es noch weh tut.
DANKE in Liebe

Übung 4:

Betrachte nun die Bilder der rechten Seite!
Wähle Dir Deinen Weggefährten für die nächsten Tage und Wochen.
Von wem willst Du Dich anleiten lassen?

Alle vier Krafttiere begleiten Dich in ihrer je eigenen Art auf dem Weg zur Mitte, zur Heilung Deines irdischen Körpers. Sie zeigen Dir, was Du benötigst, um ein glückliches, zufriedenes Leben auf unserer Mutter Erde zu führen. Alle vier erzählen Dir, dass Du nur reich sein kannst, wenn Du bereit bist, Unnützes loszulassen.

**Wir haben einen festen Stand auf der Erde,
wenn wir im Fluss des Lebens bleiben –
ohne Widerstand zu leisten.**

**Die Wintersonnwende verbindet in einem scheinbar winzigen-
und doch so bedeutsamen Schritt
Seele und Körper**

Übergangspflanzen der Wintersonnenwende

Tausendgüldenkraut=
Centaury

(Flatter-)Ulme=Elm
Gemeinfrei: Velella

Springkraut=Impatiens

Sonnenröschen=Rock Rose

Gänsefingerkraut

Bärentraube=Manzanita

Zaunwinde

Zeder

Zitronenmelisse

<u>Die Botschaft der Pflanzen</u>

Centaury = Tausendgüldenkraut (Bach-Blüte Nr. 4)
Machtvoll werde ich mir meiner selbst bewusst.
So gestärkt und zugleich mütterlich geborgen
gehe ich meinen Weg und diene dem Leben.

Elm = Ulme (Bach-Blüte Nr. 11)
Indem ich zuversichtlich auf die Kraft meiner Fähigkeiten vertraue,
lerne ich mich zu respektieren.
Verantwortungsvoll erfülle ich meine Aufgaben,
ohne mich zu überfordern.

Impatiens = Springkraut (Bach-Blüte Nr. 18)
Ich lerne meine Kräfte zu zügeln und mich zu entspannen.
So finde ich für mich und meine Nächsten
den genau passenden Rhythmus
für ein schönes Zusammenspiel.

Rock Rose=Gelbes Sonnenröschen (Bachblüte Nr. 26)
Stark und zuversichtlich begegne ich den Widersprüchen des Lebens.
Von Höherer Macht geschützt vertraue ich auf das GUTE
und lasse meine Ängste hinter mir.

Gänsefingerkraut
Indem ich mir meiner selbst bewusstwerde
und mich als spirituelles Wesen begreife,
desto leichter finde ich Zugang zum Leben
und Freude an den kleinen Dingen des Alltags.

Bärentraube = Manzanita
Spirituell gut eingebunden
finde ich einen festen, vertrauten Platz hier auf der Erde
und genieße meinen Körper mit all seiner Schönheit und Sinnlichkeit.

Zaunwinde
Getragen von einer höheren, kraftvollen Energie
stelle ich mich meinen Problemen.
So kann ich ungesunde Gewohnheiten,
Abhängigkeiten und Süchte hinter mir lassen.

Zeder
Indem ich meinen göttlichen Ursprung erkenne und anerkenne,
finde ich zum wahren Sinn meines Lebens.
So kann ich mich auch auf der Erde ganz zuhause fühlen.

Zitronenmelisse
Verantwortungsvoll und mutig erfülle ich
meine mir zugedachten Aufgaben.
Die hierfür nötige Gesundheit und Stabilität
darf ich als Geschenk dankbar annehmen.

Zusammenfassung

Hier auf der Erde zu leben ist ein wundervolles Geschenk. Vielleicht erkennen wir das nur selten wegen all der täglichen Mühen und Herausforderungen, die uns das irdische Dasein abverlangt.

So schwer uns das Loslassen der herbstlichen Fülle schmerzen mag, so hart und unwirtlich sich der Winter uns zeigt: Mache Dir klar, dass Dein Leben eine Reise ist!

Alles, was Du für diese Reise benötigst, hast Du bereits im Gepäck!
Die Erde heißt Dich willkommen.
Sie ist Deine und unser aller Mutter, ein gütiger, geschützter Ort.

Zweiter Wandlungspunkt: Frühlingsanfang 21. März

Verbindung von Körper und Geist, Gefühl und Seele

Der Frühlingsanfang ist besonders hilfreich für Menschen, die vom 18. bis 21. März Geburtstag haben.

Wir erleben hautnah den Übergang vom Winter zu den Kräften des Frühlings. Die kindhafte Frösche-Energie des Puma-Mondes hat den Wechsel rechtzeitig angekündigt. Das Eis schmilzt, alles scheint im Fluss. Zwar heißt es nun, auf den festen Stand zu verzichten. Dafür ermahnt uns nun liebevoll der Geistführer Wabun in Gestalt des Steinadlers, uns aufzurichten. Er erinnert uns daran, dass wir geistige Wesen sind:

Mein Geist entfaltet sich vollkommen.
Ich weiß, wer ich wirklich bin.

Nicht die typisch menschliche Vorstellung, dass Vernunft und Logik über allem stehen, wird hier aufgegriffen. Die Donnervogelkraft des Habicht-Mondes weist uns unmissverständlich auf unsere eigentliche Herkunft hin. Ja, wir sind Kinder dieser Erde. Aber unser Ursprung liegt woanders, im Zentrum allen Seins. Das kann nur ein wahrhaft reines, kindliches Gemüt verstehen.

Aus dieser Erkenntnis heraus gewinnen wir den nötigen Schwung, etwas wirklich Neues zu beginnen. Im Frühling werden unsere Pläne konkret, verwirklichen sich die ersten Wünsche. Wir machen uns offen für ungetrübte, intuitive Wahrnehmungen. Das verloren geglaubte Paradies lässt uns fruchtbaren Boden betreten.

Krafttiere der Frühjahrs-Tagundnachtgleiche

Büffel
Public Domain: Jack Dykinga

Steinadler
Pixnio: Donna Dewhurst USFWS

Puma: Public Domain:
George Gentry

Habicht: CC-BY-SA-3.0-US
Dori Bot

Delfin: CC-BY-SA-3.0 Unported
Jutta Luft

Kolibri: CC-BY-SA-2.0 Germany
Reinhard Jahn

Frosch: Pixabay

Donnervogel: ©Verena Kasparek

<u>**Übung 1:**</u>

Betrachte die jeweils nebeneinanderstehenden Tiere!

Macht sich ein bestimmtes Gefühl in Dir breit? Fühlst Du Dich eher angezogen oder abgestoßen von dem Tier, das Dir soeben ins Auge springt?
Oder machen sich Erinnerungen in Dir breit, schwirren Dir Gedanken durch den Kopf?

Rufe Dir die Situation ins Gedächtnis, auf die sich dieses Gefühl oder dieser Gedanke bezieht!
Schließe die Augen und lass das dazu passende Bild in Dir immer deutlicher aufsteigen! Achte genau auf Deine Empfindungen!

<u>**Übung 2:**</u>

Stelle Dich aufrecht hin mit dem Blick zur Mitte Deines ausgelegten oder aufgezeichneten Medizinrades!

Auf welcher Seite befindet sich das Tier, mit dem Du Dich soeben beschäftigt hast?

Wähle nun noch ein Tier der anderen Seite für Dich aus! Frage Dich wieder: Ist es mir angenehm oder stößt es mich ab?

Die Tiere der linken Seite befinden sich auf einer gedachten waagrechten Achse, die von Norden nach Süden führt, mitten durch das Zentrum des Medizinrades. Hier werden in besonderem Maße Körper und Gefühle aktiviert.
Die Tiere der rechten Seite entsprechen der senkrechten Achse, die von Osten nach Westen zeigt. Dein geistiges Wesen kombiniert mit Deiner Spiritualität schieben sich in den Vordergrund.

<u>Übung 3:</u>

Mache Dir bewusst, dass die Gefühlswelt, die Dich während der Puma-
und Frösche-Zeit mehr oder weniger stark berührt hat, die nächsten
drei Monde lang in den Hintergrund geraten wird. Vielleicht hast Du ja
bei Übung 1 oder 2 sogar den Puma oder den Frosch ausgewählt?
Speichere soviel wie möglich von dieser emotionalen Kraft, damit sie
Dich die folgenden 90 Tag gut begleiten kann!

<u>Übung 4:</u>

*Breite Deine Arme aus und spüre die harmonische Verbindung der zur-
zeit aufeinander folgenden Kräfte. Betrachte aufmerksam die Bilder
und sprich dazu:*
Der Büffel geht – Der Steinadler kommt – **Ich bin**
Der Puma geht – Der Habicht kommt – **Ich bin**
Der Delfin geht – Der Kolibri kommt – **Ich bin**
Der Frosch geht – Der Donnervogel kommt – **Ich bin**

Alles ist wunderbar im Fluss.
Du stehst inmitten der sich wandelnden Energien,
getragen von der Erdkraft,
beflügelt vom Geist, der Dich emporhebt.
Nimm die sich wandelnden Energien dankbar an!
Lass Dich durchströmen und beleben!
Genieße den Aufwind des nun beginnenden Frühlings.

Übergangspflanzen der Frühjahrs-Tagundnachtgleiche

Buche=Beech

Kirschpflaume=Cherry Plum

Pixnio: CC0 bicanski

Heidekraut=Heather

CC-BY-SA.3.0 Aqwis

Doldiger Milchstern=

Star of Bethlehem

Seifenkraut

Pixabay:WikimedialMages

Storchenschnabel

Pixabay:Hans Braxmeier

Tabakspflanze=Nicotiana

Rote Taubnessel

Public Domain: Leo Michels

Die Botschaft der Pflanzen

Beech=Rotbuche (Bachblüte Nr. 3)
Ich darf einfach so sein, wie ich wirklich bin,
mit all meinen Stärken und Schwächen.
So entwickle ich immer mehr Verständnis für andere.
Ich entdecke das Schöne und Positive im Leben
und genieße meine Beziehungen in Freiheit.

Cherry Plum = Kirschpflaume (Bachblüte Nr. 6)
Meine Gefühle sind vollkommen in Ordnung.
Ruhig und gelassen vertraue ich mich meinem Höheren Selbst an.
Ich fühle mich stark und energiegeladen.

Heather=Heidekraut (Bachblüte Nr. 14)
Ich lerne genauer hinzuhören
und kann die menschliche Nähe genießen.
So erlebe ich mich auch selbst
immer mehr gefestigt, unabhängig und weniger einsam.

Star of Bethlehem = Doldiger Milchstern (Bachblüte Nr. 29)
Im Fluss des Lebens getragen fühle ich mich ganz lebendig
und verkrafte auch Unerwartetes.
Ich erkenne, dass alles meinem Wachstum dient.

Seifenkraut
Alle Erlebnisse, auch die schlimmen Dinge,
haben ihren Sinn,
auch wenn ich ihn noch nicht verstehen kann.
So schöpfe ich Mut und wage einen neuen Anfang.

Storchenschnabel
*Je mehr ich meine alten Gefühle, Trauer und Wut
hinter mir lassen kann,
desto leichter fühle ich mich.
So gehe ich mutig und konzentriert
auf das Neue zu, das mich erwartet.*

Tabakspflanze = Nicotiana
*Indem ich meine Gefühle so wahrnehme
und akzeptiere, wie sie wirklich sind,
kann ich die Wahrheit erkennen.
So werde ich frei für ein neues Denken.*

Rote Taubnessel
*Je besser ich mich und andere Menschen
kennen und lieben lerne,
desto zufriedener fühle ich mich.
Ich genieße es, aufzuräumen
und Klarheit zu schaffen.*

Zusammenfassung

Getragen von unserer liebevollen, warmherzigen Erdenmutter, die uns nährt und mit allem versorgt, was wir benötigen, können wir endlich loslassen. Wie kleine Kinder, vollkommen geborgen, dürfen alle Gefühle sich zeigen. Alles ist willkommen. DU bist willkommen im Hier und Jetzt.

So kommt auch unser Geist zur Ruhe. Klar und selbstbestimmt darfst Du Dich auf den Weg machen. Fliege empor, überlasse Dich nun den Schwingen des Adlers!

Das Ziel Deiner Reise heißt:
Du darfst wahrhaft sein,
der Du bist,
der Du immer schon warst.

Dritter Wandlungspunkt: Sommersonnenwende 21. Juni

Verbindung von Geist und Gefühl

Besonders kraftvoll und hilfreich ist dieser Übergang für alle, die zwischen dem 18. und 21. Juni geboren sind.

Wir treffen auf zwei sehr unterschiedliche Energien, die sich gegenseitig auszuschließen scheinen: Verstand und Emotionen. Nicht umsonst haben wir im Frühling keine/n Vertreter/in des Froschklans vorgefunden. Im Sommer dagegen begegnen wir keinen „Schmetterlings" - Menschen. Aber wenn diese zwei unterschiedlichen Kräfte in unserem Inneren nicht Freundschaft schließen, wie könnten sie sich dann gegenseitig befruchten?

Dies ist die einzigartige Chance der Sommersonnwende. Die intuitiven Erfahrungen des Hirsch-Mondes münden ein in das kreativ verspielte Erleben des Specht-Mondes. Steinadler und Kojote, Schmetterling und Frosch sind für einen kurzen ewigen Augenblick brüderlich/schwesterlich vereint, um das Thema des Sommers erst zu ermöglichen und wahr werden zu lassen:

Ich entscheide mich für ein schönes kreatives Leben.

Gibt es ein schöneres liebevolleres Beispiel für das, was im Sommer geschehen darf: die Vereinigung der Geschlechter, das Entstehen fester, tragfähiger Bindungen, das Erwachen und Gelingen von wahrer, allumfassender Liebe.

Krafttiere der Sommersonnenwende

Steinadler: Pixnio
Donna Dewhurst by USFWS

Kojote: PublicDomain
Richard Spencer

Hirsch: CC-BY-SA-3.0 Mehmet Karatay

Specht: Pixabay Jarkko Mänti

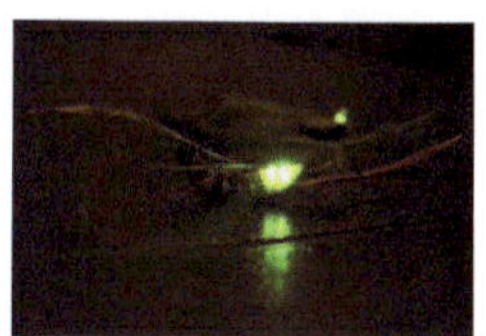

Glühwürmchen: ©Herky CC-BY-SA-3.0

Kaninchen: Public Domain
George Hodan

Schmetterling

Frosch: Pixabay

<u>**Übung 1:**</u>

Betrachte die jeweils nebeneinanderstehenden Tiere!
Wohin fällt Dein erster Blick? Fühlst Du Dich gefühlsmäßig angezogen oder interessieren Dich die Namen, machst Du Dir so Deine Gedanken, mit wem Du es hier zu tun hast???

Konzentriere Dich nun auf einen Favoriten und auf einen Gegenspieler! Wo stehen die beiden Tiere?
Die linke Bildreihe vertritt die ausklingenden geistigen Energien, die rechte Reihe spricht Deine Gefühlswelt an.

<u>**Übung 2:**</u>

Falls sich die von Dir gewählten Tiere links befinden, wird es Dir noch ein wenig schwerfallen, endlich „abzuschalten".
Lass Dich nun auf das folgende Experiment ein:
Lade beide ausgewählten Tiere <u>gleichzeitig</u> in Dein Herz ein!
Wie begegnen sich diese zwei unterschiedlichen Qualitäten in Dir?
Versuche es vielleicht auf humorvolle Art: Das liebenswerte Tier könnte das andere ein wenig stupsen, umarmen, streicheln.
Sei kreativ! Lass die beiden miteinander friedlich spielen!

<u>**Übung 3:**</u>

Lass jetzt die beiden gewählten Tiere ihre Empfindungen gegenseitig ausdrücken, mit wertschätzenden Worten, mit liebevollen Gesten!
Wie groß Du bist! Wie schön Du bist! Wie beweglich Du bist! Wie schnell Du bist!
Ich verbeuge mich vor Deinem Mut/ Deiner Offenheit/ Deiner Wärme!
Auch hier gilt wieder: Sei kreativ!

**Mit etwas GUTEM Willen wirst Du genügend
versöhnliche Aspekte finden können.**

<u>**Übung 4:**</u>

Mache Dir bewusst, dass einige Tiere der linken Seite, die Dich drei Monate lang so freundlich begleitet haben, für die kommenden 90 Tage in den Hintergrund geraten werden. Auch wenn Dein Lieblingstier dabei sein sollte, gilt es nun für den Augenblick Abschied zu nehmen. Du musst ja nicht ganz aufhören, zu denken, lächel. Aber den Fokus darfst Du jetzt auf Dein Fühlen lenken. So wirst Du Dich auf eine andere, vielleicht viel ehrlichere und tiefere Art kennenlernen und ins Herz schließen.

Es geht derzeit um die bewusste Entscheidung, noch einmal sehr „kindlich", Dir selbst und den anderen zugewandt zu sein. Du darfst Dich offen zeigen, unbefangen und kreativ.

**Erlaube Dir HEUTE, Dich für das schönes kreative Leben
zu entscheiden,
das Du Dir immer erträumt hast!**

**Die Sommersonnwende führt in einem winzigen Schritt
Geist und Gefühl zusammen.
Scheinbar Widersprüchliches wird verbunden.
Männliche und weibliche Anteile ergänzen sich.
Es entsteht ein wundervolles neues WIR.**

Odermennig=Agrimony
Public Domain Leo Michels

Stechginster=Gorse

I.Denbert

Lärche=Larch

Ackersenf=Mustard

Kiefer=Pine

Heckenrose=Wild Rose

Schöllkraut
Public Domain Leo Michels

<u>Die Botschaft der Pflanzen</u>

Agrimony =Odermennig (Bach-Blüte Nr. 1)
*Endlich fasse ich Mut, bei mir selbst auf den Punkt zu kommen
und mich meinen Problemen zu stellen.
Die Ehrlichkeit mir selbst gegenüber schenkt mir Ruhe
und lehrt mich, die Sorgen anderer zu verstehen.
Das Leben ist schön inmitten vieler Menschen.*

Stechginster = Gorse (Bach-Blüte Nr. 13)
*Indem ich mehr meiner inneren Führung vertraue,
erkenne ich den eigentlichen Sinn meines Lebens.
So kann ich mich für positive Ansätze öffnen
und bin erleichtert, wie schnell sich die Dinge zum Guten ändern.*

Lärche=Larch (Bach-Blüte Nr. 19)
*Ich mache mir meine erhöhte Wahrnehmungsfähigkeit bewusst
und wertschätze meine Begabungen.
Vertrauensvoll und mutig lasse ich mich von meiner Kreativität leiten.
So kann ich die Gemeinschaft bereichern.*

Mustard = Ackersenf (Bach-Blüte Nr. 21)
*Ich höre den Ruf meiner Seele und öffne mich dem Licht.
So kann ich mich auch mit den dunkeln Schatten versöhnen.
Freude und Klarheit durchdringen mein innerstes Sein.*

Pine = Kiefer (Bach-Blüte Nr. 24)
*Da ich meiner inneren spirituelle Führung vertraue,
lerne ich, Schuld und Fehler richtig einzuschätzen.
So kann ich mich und andere besser akzeptieren
und gewinne meine ursprüngliche Lebensfreude zurück.*

Wild Rose = Heckenrose (Bach-Blüte Nr. 37)
Lebensfroh genieße ich den Wandel der Dinge.
Ich freue mich am Leben, an meiner Arbeit
und am Zusammensein mit anderen Menschen.
Da ich mich gut geschützt weiß, fällt es mir leicht,
Liebe zu empfangen und zu verschenken.

Schöllkraut
Zufrieden und gelassen passe ich mich
den gegebenen Umständen an.
Aus dieser Leichtigkeit heraus
nütze ich die mir innewohnende Entschlusskraft
zur Neuorientierung.
Ich fühle mich eins mit mir selbst.

Zusammenfassung

Gedanklich zur Ruhe zu kommen und sich in aller Stille wahrzunehmen, ist wohl die wichtigste Voraussetzung, damit wir uns selber finden können. Aus dieser Kraftquelle heraus öffnet sich unser Blick unvoreingenommen und furchtlos.
Jetzt dürfen wir im Außen all dem begegnen, was schon immer in uns war: Wärme, Nähe und Geborgenheit, uneingeschränkte Liebe.
Lass Dich vom Kojoten in die Wüste führen,
gehe mit ihm diesen neuen Weg vertrauensvoll wie ein Kind.

Auch in der größten Hitze, auch wenn es manchmal schwer sein wird,
das Wasser des Lebens erwartet Dich mit unendlicher Fülle.
Es ist Dein wahres Erbteil.

Vierter Wandlungspunkt: Herbstanfang 23. September

Verbindung von Gefühl und Seele, Körper und Geist

Diese Stellung ist eine bedeutsame Herausforderung an die Menschen, die vom 20. bis 23. September Geburtstag haben. Aber die Verantwortung gilt natürlich auch allen anderen!

Die hitzige, gefühlvolle Zeit des Sommers mit seinem hellen Licht und den kurzen Nächten mündet ein in die Wehmut des Herbstes. Abschiedsstimmung macht sich breit. Aber die reiche Ernte, die in den vergangenen Monaten herangereift ist, entschädigt uns fürstlich.

Die mütterliche Kraft des Braunbären, getragen von der nun ausklingenden Wärme des südlichen Hüters Shawnodese erdet uns auf dem langen Weg, der uns bevorsteht. All die Fragen nach dem tieferen Sinn unserer Existenz, nach dem Warum von Schicksalsschlägen, nach Gerechtigkeit und Wahrheit lassen sich leichter beantworten, wenn wir uns in einer GUTEN, liebevollen Welt geborgen fühlen.

Wir dürfen erkennen, dass es sich beim Leitspruch von Mudjekeewis, dem starken Hüter des Westens, nicht um leere Worte handelt:

Ich bin eins mit mir und mit allem, was ist.

Wir sind nicht ausgeliefert und unfrei! Auch wenn der Weg manchmal beschwerlich scheint, die Erfahrung, es niemals ganz alleine schaffen zu müssen gibt uns die nötige Durchhaltekraft. Das große GÖTTLICHE Zentrum ist erreichbar, weil „Himmel" und Erde sich an dem einen Punkt treffen, wo Körper und Seele verschmelzen.

Kojote: Public Domain Richard Spencer

Grizzly: Public Domain

Braunbär
CC-BY-SA-3.0 I. Modzzak

Rabe
CC-BY-SA-2.5 Bombtime

Wolf: Pixnio Christels

Wal: Pixnio CC0

Seeschildkröte: Pixnio

Schmetterling

<u>**Übung 1**</u>

Vergleiche die jeweils nebeneinanderstehenden Tiere!
Was meldet sich als erstes bei Dir: *Ein bestimmtes Gefühl? eine unerklärliche tiefe Sehnsucht? eine Körperempfindung? ein Gedanke?*

Wähle nun dasjenige Tier aus, das Dich tief im Herzen berührt und lass Dich ganz darauf ein, mit allen Sinnen! Heiße es dankbar willkommen und lausche seinen geflüsterten Worten!

Frage Dich: *Was macht wirklich SINN in meinem Leben? Wie kann mir genau dieses Tier dabei helfen? Wie kannst DU mir dabei helfen?*
Am besten notierst Du Dir die Botschaft, die aus Deinem Inneren jetzt aufsteigt.

Rufe Dir die Situation ins Gedächtnis, auf die sich dieses Gefühl oder dieser Gedanke bezieht!
Schließe die Augen und lass das dazu passende Bild in Dir immer deutlicher aufsteigen! Achte genau auf Deine Empfindungen!

<u>**Übung 2:**</u>

Stelle Dich aufrecht hin mit dem Blick zur Mitte Deines ausgelegten oder aufgezeichneten Medizinrades!

Auf welcher Seite befindet sich das Tier, mit dem Du soeben gesprochen hast?

Wähle nun noch ein Tier der anderen Seite für Dich aus!
Sprich mit ihm, erzähle ihm, warum Du es nicht als erstes gewählt hast, warum es vielleicht sogar einen spürbaren Widerstand in Dir erzeugt!

Die Tiere der linken Seite befinden sich auf einer gedachten waagrechten Achse, die von Süden nach Norden führt, mitten durch das Zentrum des Medizinrades. Diese Linie verbindet Shawnodese, den Hüter all Deiner Gefühle, mit Waboose, der Hüterin der greifbaren, physischen Welt.

Die Tiere der rechten Seite entsprechen der senkrechten Achse, die von Westen nach Osten zeigt. Dein Seelenwesen, Deine Spiritualität schieben sich in den Vordergrund. Du fragst Dich: *Warum lohnt es sich zu leben? Wofür soll ich meine Willenskraft einsetzen?*

Du richtest diese Frage an Dein Gegenüber. Aber wird Wabun, der Hüter Deines Geistes, hierauf eine glaubhafte Antwort finden?

Übung 3:

Mache Dir nun bewusst, dass Dein körperliches Befinden, um das Du Dich im vergangenen Monat hoffentlich aufmerksam gekümmert hast, während der bevorstehenden Herbstmonde hinter den spirituellen Themen ein wenig in den Schatten treten wird. Falls hast Du also bei Übung 1 oder 2 den Braunbären oder die Seeschildkröte gewählt hast, bist Du zumindest gut gerüstet, um mit beiden Beinen fest auf der Erde zu bleiben, besonders in herausfordernden Zeiten.

Übung 4:

Breite Deine Arme aus und spüre die harmonische Verbindung der zurzeit aufeinander folgenden Kräfte. Betrachte aufmerksam die Bilder und sprich dazu:

Der Kojote geht – Der Grizzly leitet mich – **Ich halte Stand**

Der Braunbär geht – Der Rabe leitet mich – **Ich halte Stand**

Der Wolf geht – Der Wal leitet mich – **Ich halte Stand**

Die Seeschildkröte geht – Der Schmetterling leitet mich kommt –

Ich halte Stand.

Denn ich bin eins mit allem was ist

Übergangspflanzen der Herbstsonnenwende

Cherry Plum =
Kirschpflaume
Pixnio: Bicanski

Holly = Stechpalme
Public Domain
Leo Michels

Honeysuckle=Geißblatt

Rock Rose=Sonnenröschen
Public Domain: Leo Michels

Dinkel

Esche

Pfeifenstrauch = Jasmin

Wermut = Sagebrush

Die Botschaft der Pflanzen

Cherry Plum = Kirschpflaume (Bach-Blüte Nr. 6)
*Mütterlich und liebevoll gehalten
kann ich innerlich entspannen und loslassen.
Ich habe die Gewissheit, dass eine höhere Macht mich trägt
und meinem Leben Sinn gibt.*

Holly=Stechpalme (Bach-Blüte Nr. 15)
*Ich nehme meine Gefühle ehrlich wahr
und schaffe so einen offenen Raum
für die guten Kräfte in mir.
Jetzt bin ich bereit, aus einer höheren Warte heraus
den Versöhnungsprozess einzuleiten.*

Honeysuckle=Geißblatt (Bach-Blüte Nr. 16)
*Ich kann loslassen
und meine Vergangenheit vollständig annehmen.
Alles hat seinen Sinn.
Alles ist JETZT GUT so, wie es ist.
Dankbar gebe ich mich dem Fluss des Lebens hin.*

Rock Rose = Sonnenröschen (Bach-Blüte Nr. 26)
*Es ist beruhigend, nicht allein zu sein auf dieser Welt.
Ich fühle mich immer öfter sicher und geborgen.
Auch gegen große Herausforderungen gewappnet
erlebe ich dankbar,
dass mich tatsächlich eine Höhere Macht leitet.*

Dinkel
*Ich schenke mir die Zeit, den Raum und alles was ich brauche,
damit ich mich wohlfühlen kann.
So finden mein Geist und meine Seele
Freiheit und Kraft,
um meinem Leben Sinn und Halt zu geben.*

Esche

Dankbar erlebe ich, wie gut versorgt ich doch bin.
Ich fühle mich gestützt von verlässlichen Beziehungen.
So trage ich gerne meinen Teil bei zum Großen Ganzen
und engagiere mich für eine gerechte, bessere Welt.

Pfeifenstrauch = Falscher Jasmin

Je mehr ich mich selbst achten und lieben lerne,
desto leichter kann ich Ängste und Spannungen abbauen.
Beschwingt und kreativ überdenke ich meine Angelegenheiten neu
und werde stark im Handeln.

Wermut = Sagebrush

Ich lerne mich selber besser kennen.
und zeige mich unverstellt und ehrlich,
wie ich wirklich bin.
Da ich zu meiner wahren Identität stehe,
kann ich die nötigen Entwicklungsschritte gehen.

Zusammenfassung

Im aufrichtigen Bewusstsein des All-Eins ist ALLES möglich.
Der Auftrag an uns lautet, in diesem reinen Bewusstsein einen neuen Himmel und eine neue Erde zu erschaffen. Wir haben die Erlaubnis erhalten, gemeinsam mit allen Wesen diesen wunderschönen fruchtbaren Planeten zu bewohnen.

Jetzt liegt es an jedem/r einzelnen,
uns durch überlegte, integre Lebensführung
dementsprechend dafür oder dagegen zu entscheiden.
Alles ist uns möglich,
um hier auf der Erde
ein friedvolles gemeinsames Miteinander zu gestalten.
Sei auch DU dabei!

Wie Herzenswünsche wahr werden

Nachdem wir nun gemeinsam den Weg rund ums Medizinrad gegangen sind, darfst Du Dich noch einmal ganz konzentriert mit Deinen persönlichen Belangen beschäftigen.
Jeder Aspekt des großen Kreises kann Dir bei der Lösung Deiner Fragen helfen, schenkt Dir den Mut, niemals aufzugeben, die Hoffnung, dass Du wirklich erreichen darfst, was Du Dir von Herzen wünschst.

Dabei gehst Du am besten in mehreren Etappen vor.

Am Wichtigsten erscheint es mir, das anstehende Ziel so genau wie möglich zu formulieren:

Was genau?
Wann genau?
Wer oder was hilft mir dabei?
Was hindert mich noch?

Gehe zurück auf die Seite 92 und betrachte noch einmal aufmerksam die Bilder der vier Wandlungspunkte!

Aus welchem Grund, mit welcher Erwartung hast Du begonnen, dieses Buch zu lesen? Warum wolltest Du gerade jetzt den Weg des Medizinrades gehen? Was genau ist DEIN Thema? Welches Bild zieht Dich magisch an? Aus welcher Himmelsrichtung fühlst Du Dich gerufen?

Wähle nun unter den vier folgenden Bereichen denjenigen aus, der Deinem momentanen Bedürfnis am nächsten kommt!

Erster Schritt: Das Alte loslassen

Wie bereits besprochen, findest Du im Norden Hilfe für alle anstehenden körperlichen, physischen Belange.
Wenn also Dein Ziel ist, Deinen Gesundheitszustand zu verbessern, Dich beruflich zu verändern, eine andere zu Dir passende Wohnung zu finden, finanzielle Engpässe zu beheben, bist Du hier genau richtig.
Betrachte die weiße Büffelfrau auf S. 17, nimm innigen Kontakt auf mit Waboose, der Hüterin des Nordens und schließe die Augen!
Sprich ein Bittgebet und formuliere in demütigem, kindlichen Vertrauen Deinen konkreten Herzenswunsch!
Male mit allen Farben, mit allen Sinnen Deinen gegenwärtigen Traum, spüre schon jetzt, wie es sich anfühlen wird, dieses wundervolle Ziel erreicht zu haben!
Schlage nun Seite 16 auf und wähle unter den abgebildeten Pflanzen diejenige aus, die Dich gerade ruft und im Innersten anspricht!
Gehe mithilfe des kleinen Waschbären den ersten Schritt der Reinigung und lasse Dich von der Information <u>Deiner</u> Blüte einige Tage lang begleiten.

Um etwas Neues in Deinem Leben zu erhalten, heißt es immer zuerst loszulassen.

Es ist genau wie es damals bei Deiner Geburt war: Du bist einfach gekommen. Du hast Dich vorbehaltlos darauf eingelassen, den bergenden Mutterschoß aufzugeben und ins Freie zu streben. Du hast den ersten Schritt ins Leben getan und dabei (hoffentlich) die Erfahrung gemacht, dass alles, was Du benötigst, bereits für Dich bereitet ist: eine sorgende Mutter, Nahrung, ein warmes, sicheres Zuhause.

Prüfe im Lauf der kommenden Tage, wie sich der begonnene Reinigungs- und Loslassprozess für Dich anfühlt!
Bist Du ein wenig fröhlicher, beschwingter, tatkräftiger geworden? Wie nah ist Dir Dein Herzensziel gerückt?
Gibt es Einwände oder Widerstände?

Spüre in Deinem Körper gründlich nach! *Welches Gefühl hat sich in Dir breit gemacht? Möchtest Du diese Empfindung behalten oder gerne etwas daran ändern?*

Um hierbei Unterstützung und Aufmunterung zu erhalten, besuchst Du auf Seite 51 Shawnodese, den Hüter Deiner Gefühle. Wähle ein Blütenbild, das Dir besonders ermutigend erscheint und lies die dazu passende Information! Der Kojote und das Kaninchen helfen Dir dabei, gefühlsmäßig über Dich hinauszuwachsen, wenn das Loslassen allzu weh tut.

Sollte hingegen Dein Kopf mit schlauen, „gutgemeinten" Ratschlägen verrücktspielen und Dir weismachen, dass es sowieso nutzlos, zu mühsam, zu schwierig für Dich ist, Dein angestrebtes Herzensziel endlich zu erreichen, besuchst Du auf Seite 34 den geistigen Hüter Wabun. Bitte ihn mit Unterstützung des Kolibris um die nötige Klarheit und entscheide Dich für die Pflanze, die Dir besonders hilfreich erscheint! Der dazu passende Text wird Dir weiterhelfen und innere Ruhe schenken.

Ziehe nun eine kurze Bilanz! Wo stehst Du im jetzigen Moment?

Hat sich Dein Gesundheitszustand ein klitzekleines bisschen verbessert? Vielleicht sind die Schmerzen für kurze Augenblicke leichter erträglich geworden, für einen Moment verschwunden? Konntest Du auf ein Suchtmittel verzichten, wenigstens EINMAL, für ein paar Minuten, für einen halben Tag? Hast Du diese Nacht zum ersten Mal zwei, drei Stunden am Stück geschlafen?

Hast Du einen hilfreichen Anruf bekommen, in der Zeitung ein Stellenangebot, eine passend scheinende Wohnung entdeckt? Hat Dir ein Freund, eine Anwältin, der Nachbar oder eine zufällige Bekannte genau den Hinweis gegeben, auf den Du schon so lange wartest?

Jedes winzige Detail ist hierbei wichtig!! Veränderungen kommen auf leisen Sohlen. Um mit dem Fluss des Lebens zu gehen, ist Leichtigkeit angesagt. Schwimme nicht gegen den Strom, fordere nichts ein! Öffne Deine Hände, um zu empfangen, was Dir gegeben wird!

Damit Dir das HEUTE noch leichter fällt, besuchst Du nun auf Seite 72 den Hüter des Westens, Mudjekeewis und seinen Helfer, den Wal. Auf welche Blüte fällt Dein erster Blick?
Nimm diese Information mit in den Tag, in der frohen, dankbaren Haltung und dem tiefen Wissen, dass Dir alles, wirklich alles so zugeteilt wird, wie es für Dich und alle Beteiligten am besten ist.

<u>Dies ist Deine erste Lektion:</u>
Ich handle, indem ich das Alte loslasse.
Alles ist bereits GUT, so wie es ist.

<u>Zweiter Schritt: Das Erworbene bewahren</u>

Wahrscheinlich bist Du Deinem Herzensziel bereits einen guten Schritt nähergekommen.
Oder erlebst Du momentan eine Zeit der Stagnation? Geht es nicht so recht vorwärts, wie Du erhofft hattest?

Vielleicht warst Du auch von Anfang an in der willkommenen Situation, dass es sich „eigentlich" gut anfühlt. Dennoch grübelst Du oft darüber nach, ob und wie Du die errungene Stellung behalten kannst.
Du fragst Dich:
Was möchte ich an meiner gegenwärtigen, durchaus erträglichen Situation verändern?
Muss ich mich mit den (noch) vorhandenen körperlichen Einschränkungen abfinden?
Müsste meine Arbeit nicht besser bezahlt sein? Wird sie gebührend wertgeschätzt?
Soll ich mir endlich ein neues, schöneres Zuhause suchen?

Wenn Du nach reiflicher Überlegung zu dem Schluss kommst, dass Du tatsächlich etwas verändern möchtest, dass ein Neubeginn genau JETZT sinnvoll ist und eigentlich nichts Gewichtiges dagegenspricht, solltest Du auf Seite 22 Waboose, den Hüter des Nordens aufsuchen. Bitte ihn, zusammen mit Deinem kleinen Erdenfreund, dem Regenwurm, um die nötige geistige Unterstützung für Dein Anliegen! Wenn der innere Kontakt hergestellt ist, darfst Du die passende Pflanze auswählen, die Dir dabei helfen wird, Dein Vorhaben aus einer neuen Warte heraus zu begutachten.

So richtig sinnvoll wird sich Dein neuer Weg anfühlen, wenn Du nun Shawnodese, den Hüter des Südens, und seinen symbolischen Helfer, den Lachs, um ihre liebevolle Unterstützung bittest. Eine der Pflanzen von Seite 58 wird Dein Vertrauen so stärken, dass Du den nötigen Mut aufbringst, Dein Leben umzukrempeln und Dich wirklich zu verändern.

Eine genaue „Anleitung" für die bevorstehende Neuordnung erhältst Du von Wabun, dem Hüter des Ostens (S. 41). Zusammen mit der weisen Eule wird er Dir helfen, die passende Pflanze auszuwählen.

Zu guter Letzt nimmst Du Kontakt auf zu Deinem „inneren Kind". Wie fühlt sich der geplante Umbruch für Dich an? Bist Du inwendig ein wenig aus dem Gleichgewicht geraten, und Du würdest es nicht Vorfreude nennen, sondern ehrlicherweise als Vorausangst bezeichnen?

Dann hole Dir auf Seite 79 einen weisen Rat beim westlichen Hüter Mudjekeewis. Du wirst erfahren dürfen, dass es sich GUT und herzerwärmend anfühlt, den für Dich und Deine Mitmenschen genau passenden Schritt zu tun. Um das zu begreifen, brauchst Du die Einsicht der kleinen Maus, die über derart schmerzhafte, komplizierte Dinge bestens Bescheid weiß. Sie zeigt Dir, welche Pflanze Dir die stimmige, erlösende Information verraten darf.

Wenn Du innerlich ganz ins Gleichgewicht gekommen bist, weißt Du, dass Du einer NEUEN Erkenntnis auf der Spur bist.

<u>Dies ist Deine zweite Lektion:</u>
Sinnvoll handeln bedeutet, alte Gedankenmuster zu verabschieden.

Dritter Schritt: Ganz entspannt auf das NEUE warten

Vielleicht hast Du bereits eine feste, solide Basis gefunden und fühlst Dich wohl in Deinem Körper, Deinem Zuhause, hast den erträumten Beruf gefunden und bist finanziell in Sicherheit. Wie schön! Welch ein Anlass zur Dankbarkeit!
Oder macht sich in Dir Enttäuschung breit, weil manche Ziele so schwer, zu schwer erreichbar sind, alle Bemühungen vergeblich erscheinen, das Loslassen der Vergangenheit einfach nicht zu bewältigen ist?

Gib Deinen Emotionen den Raum, den sie beanspruchen! Spüre in Deinem Körper nach, wo es besonders hakt!
Raubt Dir die Hoffnungslosigkeit den Schlaf? Bleibt Dir vor Angst fast das Herz stehen? Sind Deine Fäuste geballt vor ohnmächtiger Wut?

Gehe jedem Deiner Gefühle aufmerksam nach, nimm die Verzweiflung, die Verbitterung, die Hilflosigkeit mütterlich wiegend auf in Dein Herz! Sei fürsorglich zu Dir wie die liebevollen Eltern, die Du vielleicht nie hattest! Denk daran, dass die Erde selbst Dich vom ersten Augenblick an getragen hat!

Besuche noch einmal die mütterliche Büffelfrau Waboose auf Seite 17 und bitte sie um Beistand! Lass Dich auf Seite 28 von den fröhlichen, verspielten Delfinen zur genau passenden Pflanze führen, die Deine Seele heilen kann, damit Du für Deine physischen Belange Trost und Entspannung findest!

Stärke Deine Selbstheilungskraft mit der Hilfe von Shawnodese, dem Kojoten (S. 52), der den Weg aus der Einsamkeit zeigt und Dir anhand einer Pflanze von Seite 65 Hinweise gibt, wo und wie Du im Außen, aber ganz besonders tief in Dir drinnen die durchgreifende Lösung finden wirst.

Den Rest bestehender Ängste und Unsicherheiten beseitigt Mudjekeewis, der aufrechte Grizzlybär (S. 73). Wenn Du Dich zusammen mit ihm in die Senkrechte begibst, die Füße fest am Boden, den Kopf zum Himmel gewandt, machst Du innerlich den Weg frei für Hilfen und Antworten, die Du Dir nicht aus eigener Kraft zu geben vermagst. Wähle auf Seite 86 geführt vom starken, verlässlichen Wolf Deine bevorzugte Pflanze aus und lausche ihrer Botschaft!

Ich hoffe sehr, dass es sich wenigstens für diesen JETZIGEN Moment gut und stimmig für Dich anfühlt und Du in ein ruhiges, angenehmes Gleichgewicht kommen durftest.

Nimm diesen friedvollen Augenblick als Blaupause für all die Eventualitäten, die Dir das Leben schwer machen werden. Denke daran, dass es immer auch die GUTEN Geschehnisse gegeben hat, dass es so oft möglich war, aus vollem Herzen heraus DANKE zu sagen!

<u>Dies ist Deine dritte Lektion:</u>
Handeln heißt loslassen.
Loslassen fühlt sich stimmig an und tut gut.

Erster Schritt: Klarheit schaffen

Im Osten geht die Sonne auf. Hier ist genau die richtige Stelle, um Bilanz zu ziehen und eine geistige Neuausrichtung zu erwirken. Bisher war Dein allzu schlauer Kopf nicht immer hilfreich, um zu erreichen, was Dir und Deiner Umwelt GUT tat.

Wenn Du also von Herzen bereit bist, endlich umzudenken und NEUES in Dein Leben zu lassen, besuche jetzt auf Seite 35 den Steinadler! Bitte Wabun, diesen mächtigen Geistführer, dass er Dich auf seinen Schwingen emporhebt und Dich in die klaren Lüfte entführt, wo Du eine andere Sicht der Dinge erlangen kannst.

Schau nach oben zum Himmel, bis Deine Augen im Blau des Himmels oder im Grau der Wolken verschwimmen! Wenn Du ganz in der unendlichen Stille angekommen bist, senke den Blick, sprich ein Dankgebet und halte inne! Bleibe ganz bei Dir, rein von jeglichen Gedanken!

Wähle Dir auf Seite 34 unter gezielter Anleitung des Kolibris ein JETZT passendes Blütenbild aus und vertiefe Dich in die Botschaft, die Du erhalten darfst!
Wenn Dein Kopf und Dein ach so kluger Verstand endlich loslassen und es ganz ruhig geworden ist in Dir, bleibt nur noch EINES übrig, Dein unendliches klares Bewusstsein.

Um Klarheit zu schaffen, musst Du den Weg nach INNEN gehen.

Es ist wie beim Aufgehen der Sonne: Die Morgendämmerung verabschiedet das nächtliche Dunkel. Die Wirrnisse und Schrecken der Nacht, aber auch die verlockenden Trugbilder verschwimmen und lösen sich auf. Es bleibt die freundliche, rotschimmernde Verheißung des Morgenrots.

Prüfe im Lauf der kommenden Tage, ob sich etwas in Deinem Denken verändert hat!

Gehst Du etwas gelassener mit Problemen um? Hat Deine Neigung, sinnlos vor Dich hinzugrübeln, Deinen Kopf zu zermartern, Deine Sucht, alles zu bewerten und schwarzweiß zu malen, ein wenig nachgelassen? Kannst Du Dir die Erreichung Deiner Herzensziele genau vorstellen, oder Wenn und Aber?

Jetzt wird es Dir helfen, den westlichen Geisthüter Mudjekeewis (S. 73) zu befragen. Schließlich willst Du ja Entscheidungen treffen, die Dein Leben erfüllen und sinnvoller machen. Die genau stimmige Pflanze findest Du mithilfe des erfahrenen Wals auf Seite 72.

Mache nun einen kleinen Stopp und notiere Dein bisheriges Ziel auf Papier!

Hat sich inzwischen etwas verändert?

Ist Dein Vorhaben konkreter geworden?

Beseelt Dich das unstillbare Verlangen, endlich zu beginnen und ins klare Wasser zu springen?

Wann genau möchtest Du beginnen? Am besten schon HEUTE?

Jetzt, wo es ganz konkret zu werden „droht", melden sich vielleicht ganz reale Einwände: *Wichtige Telefonnummern sind auf einmal verschwunden, der alte Arbeitsplatz scheint so liebgeworden, der neue Wohnort zu weit entfernt, Freunde reden dagegen, der Fahrtweg wirkt beschwerlich, alles ist aufreibend. Und dann noch ein Umzug!!!*

Wer kann Dir in dieser Situation weiterhelfen?

Besuche Waboose auf Seite 17!

Bitte die weise Büffelfrau, Dir zusammen mit dem eifrigen Waschbären und mit einer ihrer Blüten von Seite 16 eine konkrete Stütze zur Seite zu stellen!

Bist Du Dir Deiner Vorhaben schon wirklich im Klaren? Fühlt sich der geplante Neuanfang bereits unendlich GUT an? Wie sonst könnten wir je den Mut aufbringen, etwas Neues zu wagen?!
Weitreichende Umwälzungen machen unserem vernunftbegabten Kopf manchmal schwer zu schaffen. Er beginnt zu revoltieren und stört den erholsamen Schlaf.

Falls Du also im Moment noch angespannt bist oder Deine Herzenswünsche Deine Partnerschaft durcheinanderzuwirbeln drohen, solltest Du auch Shawnodese, den südlichen Geisthüter (S. 51) und seinen freundlichen Ratgeber, das Kaninchen befragen! Die zugehörige Blüte macht Dich aufmerksam, woran Dein Herz krankt.
Erst wenn alle Gefühle nackt und offen auf dem Tisch liegen, bist Du in Deinem Innersten angelangt. Erst dann kannst Du Deine Hinderungsgründe loslassen.

Gib Dich und Deine Ziele nicht auf!

<u>Dies ist Deine erste Lektion:</u>
Lass als erstes das Unnütze los,
das Dich in der physischen Welt beschränkt!
Äußere Dinge hinzugeben,
bedeutet, den Geist zu befreien.

Zweiter Schritt: Weise handeln

Gedanklich alles klar bei Dir? Konntest Du bereits alle Einwände beseitigen und bist Dir daher sicher, dass Dein Herzenswunsch genau richtig ist, um Dich selber und die Menschen, für die Du Verantwortung trägst, glücklich zu machen? Wie schön!

Vielleicht gibt es da noch ein Problem: Du kannst Dich nicht entscheiden zwischen den zwei Wegen, die sich mittlerweile herauskristallisiert haben. *Mehrere Angebote liegen auf dem Tisch? Im bestehenden System hat sich ein kleines Detail geändert und es scheint wieder verlockend, keinen weiteren Schritt zu tun, sondern einfach im alten Status zu verharren? Wenigstens für die nächsten zwei Jahre, lächel?*

Jetzt ist die Zeit gekommen, Deinem Geist die Stabilität zu schenken, die er braucht, um die richtigen Entscheidungen zu treffen. Auf Seite 41 kannst Du den Hüter des Ostens, Wabun und seine treue Ratgeberin, die Eule befragen, um Dein inneres Gleichgewicht wiederzuerlangen. Welche Blüte wirst Du Dir wählen? Welche Information schenkt Dir in diesem Augenblick die nötige Ruhe, um den entscheidenden Schritt zu tun in eine unbekannte, nährende Zukunft?

Du merkst sofort, ein welch großes Maß an Vertrauen benötigt wird, um einfach so in Richtung Fremde zu stiefeln.
Bitte auf Seite 58 den gütigen Geistführer Shawnodese, Dir mithilfe des Lachses um den entscheidenden Hinweis, wie Du flussaufwärts und gegen den Strom schwimmen sollst, wenn alles auf einmal wieder mühsam erscheint, obwohl es Dir doch von Höherer Warte aus gesehen zugesagt war! Die Blüte, die als erstes Deinen Blick fesselt, kann Dir Deine Fragen beantworten.

Kaum bist Du gefühlsmäßig zur Ruhe gekommen und beginnst scheinbar gelassen mit den nötigen Planungen, melden sich womöglich schon wieder die nächsten Zweifel. Es gibt ja so viele Einwände, so Weitreichendes zu bedenken, für jedes Für ein Wider, dass Du beginnst, täglich neue Fragen zu stellen und jede Antwort Dich nur noch mehr verwirrt.

Bist Du in einer unlösbaren Sackgasse gelandet? Macht Dein Vorhaben überhaupt irgendeinen Sinn?

Die stärkste Kraft, die derartige Verzweiflungsgedanken in die Schranken weisen kann, ist Mudjekeewis, der westliche Hüter des Medizinrades. Er hinterfragt den Sinn des Lebens wie kein anderer. Was gibt es Erleichterndes und Schöneres als einen Lösungsschritt, der für alle Beteiligten Sinn macht?! Bitte Mudjekeewis, Dir auf Seite 79 zusammen mit der Maus gefühlsmäßig die nötige Einsicht zu schenken, dass Neuanfänge eben auch schmerzhaft sind, alte Wunden aufreißen und Vergangenes ausgeheilt werden will. Lass Dich führen, wenn der Weg schwerfällt und Deine Herzensziel auf einmal wieder unerreichbar scheint!

<u>Dies ist Deine zweite Lektion:</u>
Sich richtig zu entscheiden, bedeutet,
zu handeln und Schritte zu tun,
auch wenn es schwer, unwegsam oder unmöglich zu sein scheint.
Du darfst darauf vertrauen, dass Du immer gut geführt bist.

<u>Dritter Schritt: Der Intuition Raum geben</u>

Falls Du bereits die „richtige" Entscheidung für Dein Leben getroffen hast, gratuliere ich Dir herzlich, und ja, ich beneide Dich auch ein bisschen. Es fühlt sich so unendlich beschwingt und leicht an, seinen Herzenszielen nachzugehen.
Solltest Du noch nicht so weit sein? Plagen Dich ab und an Ängste, innere Unruhe, Zweifel, Erschöpfung oder gar Hoffnungslosigkeit?

Überprüfe gründlich Deine Gedankenmuster! Achte besonders auf die Worte, die Du verwendest!
Möchtest Du, dass alles, was Du Dir ausmalst, aussprichst oder schreibst, tatsächlich genau auf diese Weise in Erfüllung geht? Erinnerst Du Dich jedes Mal an irgendwelche Einwände und Schreckensszenarien, die Du keinesfalls erleben möchtest? Bist Du wirklich voll im Vertrauen?

Bitte Deinen machtvollen geistigen Führer Wabun um seinen Beistand! Versenke Dich auf Seite 46 zuerst in Michaelas symbolkräftiges Bild! Wenn Du soweit bist, schließe die Augen und lass das Farbenspiel ein wenig in Dir nachwirken! Meditiere die leuchtende, wissende Kraft von Wabun! Achte ganz entspannt auf das Signal, Dich wieder der gegenwärtigen Welt zu öffnen, ganz in Deinem ureigenen Tempo!
Nimm nun Kontakt auf mit dem winzigen Lichtfunken des Glühwürmchens, das Dir erzählt, was ein Geistesblitz bedeutet. Lausche der Botschaft des Leuchtkäfers! Lass ihn durch die Blume sprechen, die Dich anlächelt!

Spürst Du, wie GUT es sich anfühlt, bei sich selbst anzukommen, ohne zu hinterfragen?
Die Intuition schenkt Dir das vollkommene, befriedigende Wissen, dass alles stimmig und richtig ist.
Du kannst dieses Erlebnis noch weiter vertiefen und festigen, wenn Du den südlichen Hüter Shawnodese bittest, Dich liebevoll zu umarmen.

Hast Du irgendwelche Einwände dagegen, dass Du Dich auf Seite 65 nicht bloß dem Symbolbild von Shawnodese, dem Kojoten von Seite 52, sondern auch noch seinem Helfer, dem Wolf in die Arme werfen sollst? Hast Du Dir etwa Liebe und Freundschaft anders vorgestellt? Weicher, mütterlicher, gemütlicher?

Die eindeutige Botschaft der passenden Pflanzen lautet, dass Du es ALLEIN schaffen wirst, Deine Herzensziele zu erlangen. ALL-EIN, das bedeutet, in den Armen einer allumfassenden, uneigennützigen Liebe. Dies ist keine leere Worthülse, eine rasch verpuffende Emotion, sondern die tragfähige Umsetzung eines Vorhabens, das dem Großen Ganzen dient. Du beginnst zu verstehen, dass Dein Herzenswunsch von Anbeginn so gewollt war, weil er ein zwar kleiner, aber unverbrüchlicher Puzzlestein für die Gemeinschaft ist, in die Du eingewoben bist.

Halte wieder einen Moment stille, nimm einige kräftige Atemzüge und fühle die fließende Verbindung zwischen Oben und Unten, zwischen Himmel und Erde!

Wir könnten in vollkommener Wahrheit leben, ohne Zweifel und ständiges Nachfragen, ohne Ängste und Voreingenommenheiten – wenn da nicht die Dualität wäre, die unser irdisches Dasein bestimmt.

So ist es nicht verwunderlich, dass wir nach all den schönen Übungen, den kostbaren Blüteninformationen und unserem aufrichtigen Bemühen zuletzt bei Mudjekeewis Unterschlupf suchen. Der mächtige Grizzly freilich interessiert sich scheinbar wenig um unsere banalen, kurzfristig gedachten Wünsche und Sorgen. Er hat Höheres im Blick. Betrachte sein Symbolbild auf Seite 86 und lass Deinen Blick in die Mitte des aufgemalten Kreises hineinziehen.

Um jetzt das kleine Helfertier zu würdigen, das dem westlichen Hüter dient, brauchst Du ein hohes Maß an Konzentration und Aufmerksamkeit. Wie leicht könntest Du die winzige Ameise übersehen und zertreten, die als einziges Erdenwesen eine starke, kraftvolle Antwort auf Deine offenstehenden Fragen geben kann: Du wirst und musst Deine

Ziele niemals ganz im Alleingang in die Tat umsetzen! Du lebst in einem so großen Verbund, dass immer hilfreiche Unterstützung auf Dich wartet, sogar dann, wenn Du keinen festen Boden unter Dir spürst.
Wähle eines der Pflanzenbilder aus und meditiere den zugehörigen Text im Lauf der kommenden Tage!

Die Ausheilung unseres Geistes ist ein Geschenk. Wir können nichts dazutun, nichts machen. Vielleicht hilft es schon, die verrückte Gedankenflut für den winzigen Moment des Augenblickes auszublenden, um zu spüren, wer Du wirklich bist. Verzichte auf den Blick in die schmerzvolle Vergangenheit, auf das Ersehnen einer besseren, schöneren Zukunft!

Stell Dich aufrecht und mutig wie der Grizzlybär Deinem gegenwärtigen Sein!
Sieh von ganz oben herab wie Wabun, ein zeitloser Adler, der über Dir kreist und die Zusammenhänge im Blick behält, die wir Menschen noch nicht verstehen.

Dies ist Deine dritte Lektion:
Sei vollkommen im HIER UND JETZT!
Sei ganz nah und innig bei Dir selbst!
Vereine Dich mit dem Wissen des Universums und lausche!

Die Sommersonnwende: Gefühle und Partnerschaft stärken

Erster Schritt: Allen Gefühlen Raum geben

Wenn die Sonne so hoch am Himmel steht, dass Du regelrecht nach Schatten und kühlem Wasser zu lechzen beginnst, ist der Zeitpunkt gekommen, dem Alltag zu entfliehen. Es muss nicht gleich der ersehnte Urlaub sein. Vielleicht genügt es schon, unserem Kopf eine kleine Pause zu verschaffen.
So kannst Du Dich still und genüsslich Deinen Gefühlen widmen, die sich in Deinem Herzen breit machen.

In diesem köstlichen Moment innerer Freiheit stellst Du Dich jetzt in den Süden des Medizinrades. Trete in Kontakt zu Shawnodese, dem Kojoten (S. 51)! Lass sein Symbolbild in Dir zur Entfaltung kommen und spüre mit geschlossenen Augen die nachhaltige Wirkung in Deinem Körper!
Welche Fragen tauchen in Deinem Innersten auf?
Was für ein kleines, verletzliches Kind, welche Sehnsüchte, welch tiefes Verlangen nach menschlicher Nähe, nach Geborgenheit und Zugehörigkeit begegnen Dir in diesem Augenblick?

Betrachte das niedliche, weiche Kaninchen!
Fühlst Du in Dir die Lust, es zu streicheln, mit ihm herumzualbern? Oder bist Du für derlei Faxen zu „groß", zu erwachsen? Schämst Du Dich für derartige kindische Anwandlungen?

Wenn es Dein Herzenswunsch ist, Dich für Beziehungen zu öffnen, Verletzungen auszuheilen, Bindung zu schaffen, darfst Du Dir unter der verspielten Anleitung der Häschenfamilie und den aufbauenden Tipps des Wüstenfuchses jetzt das zu Dir passende Blütenbild auswählen.

Lass im Lauf der kommenden Tage diese Pflanze und ihre Information tief in Dein Herz eintauchen. Vielleicht begegnest Du Deiner Blüte sogar draußen in der Natur.

Spüre aufmerksam und wohlwollend allen Gefühlen nach, die sich in Dir melden! Es gibt nichts zu bewerten oder gar zu unterdrücken. Ängste. Trauer, Ärger, Neid, Liebe …, heiße alles willkommen, was sich zeigen mag! All diese Regungen sind Teil Deiner Lebendigkeit.

Wenn Dich die auftauchenden Emotionen beunruhigen oder gar zu überwältigen drohen, besuchst Du einfach die mütterlich bergende Büffelfrau Waboose auf Seite 17. Sobald Du Dich von ihr genügend gehalten und genährt fühlst, sucht Du auf Seite 16 Trost und Anleitung bei ihrem kleinen Helfer, dem Waschbären. Lass Dir von ihm und der Dich anrührenden Pflanze zeigen, wie Du überschießende Reaktionen hinter Dir lassen kannst, ohne Deine Echtheit zu opfern!

Lass Dir viel Zeit dabei! Spüre aufmerksam in Dich hinein! Kannst Du in Deinem Körper die Stelle ausfindig machen, die sich gerade meldet: *ein Schmerz? Druck? Ziehen? Frösteln? Unbehagen?*
Lege bitte Deine Hände sanft und zärtlich auf, schenke Dir Deine ganze, liebevolle Aufmerksamkeit, die Fürsorge, die Du damals, als Kind gebraucht hättest und noch HEUTE so sehr entbehrst!!

Deine Seele wird es Dir danken, dass Du endlich, nach so langer Reise, bereit bist, Dir zu begegnen. JETZT hast Du die Chance, noch einmal neu zu beginnen, Freundschaft mit Dir zu schließen. Begib Dich mit dem Steinadler Wabun (S. 35) hoch in die Lüfte und betrachte Deinen bisherigen Lebensweg! Auf Seite 34 schenkt der Kolibri die nötige Klarheit und Bewusstheit, um fortan bei Dir zu bleiben, DIR treu zu sein. Nimm die Blüte, die Dich anlächelt, tief in Dein abenteuerbereites Herz! Du darfst wieder KIND sein!

Vielleicht nimmst Du schon eine Veränderung im Alltag wahr?

Wirst Du freundlicher gegrüßt? Gehst Du selbstsicherer auf andere Menschen zu? Kannst Du es besser genießen, Teil einer Gemeinschaft zu sein oder hast Du beschlossen, Dich einer Gruppierung anzuschließen? Hat sich der Kontakt zu Familienangehörigen wie von selbst verbessert oder geklärt?

Während Du diesen Fragen nachspürst, vielleicht im wohligen Schatten eines Baumes oder im kühlen Nass der nahgelegenen Wasserstelle, achte bitte darauf, ob sich ein inneres Lächeln meldet!
Falls nicht, ist wohl wieder mal Dein Kopf am Werk, der sich plötzlich überrumpelt und übergangen fühlt. Ehe Du nun beginnst, Deine aufkeimenden Gefühle zu hinterfragen, suche bitte lieber den westlichen Geisthüter Mudjekeewis auf (S. 73)! Auf Seite 72 kannst Du dann mit Hilfe des Wals bisher gemachte GUTE Erfahrungen erinnern und eine der dargestellten Blüten einladen, Dir bei Deinem angestrebten Vorhaben beizustehen. So wirst Du schnell zu einer wohltuenden inneren Ruhe gelangen.

<u>Dies ist Deine erste Lektion</u>
Gefühle sind ein Geschenk des Lebens.
Lerne diesen Reichtum achten und schätzen!

<u>Zweiter Schritt: Dem Leben vertrauen</u>

Nimm Dir ein wenig Zeit für Dich und überprüfe, welche Art von Gefühlen zurzeit den meisten Raum einnehmen!
Was ist neu dazugekommen?
Was hast Du ein wenig hintangestellt?
Was möchtest Du verändern?
Wie zufrieden bist Du mit Deinen Beziehungen?

Sollte Deine Bilanz eher schlecht ausfallen, dann schau bitte noch einmal sehr genau hin! Bei wem suchst Du die Schuld dafür: *bei Dir? bei anderen? bei Gott oder dem Schicksal?*

Es ist nicht immer leicht, an das GUTE zu glauben. Vielleicht hältst Du dieses Ansinnen sogar für unwürdig oder einfach dumm?
Halte Ausschau nach den vielleicht manchmal zu seltenen Momenten, wo die Dinge gut gelaufen sind, die Menschen freundlich zugeneigt erschienen und das Schicksal gnädig war.
Unser grundlegendes Problem besteht darin, dass wir die Abläufe nicht in der Hand haben, dass wir Geschehnisse nicht kontrollieren können.

Lass Dich vom südlichen Hüter Shawnodese und seinem Helfer, de m Lachs auf Seite 58 in die Schule des Vertrauens schicken! Lerne, flussaufwärts zu schwimmen, überspringe die Klippen, die sich in Dir entgegenstellen! Lass Dich tragen wie ein kleines Kind, im Vertrauen, dass Vater und Mutter den rechten Weg kennen, weil sie ihn schon so oft gegangen sind.
Wenn Du jetzt die Botschaft Deiner ausgewählten Pflanze in Dein Herz nimmst, kannst Du vielleicht eine Regung in Deinem Körper spüren. Gib den Tränen, der Freude, dem Erschrecken den nötigen Raum! Sei ganz bei Dir selbst!

Nenne das auftauchende Gefühl beim Namen, heiße es willkommen wie ein lang vermisstes Familienmitglied, wie einen alten Freund oder eine neue Nachbarin!
Begib Dich nun in den angenehm kühlen Norden des Medizinrades und setze Dich in den Schatten der gütigen, ausladenden Büffelfrau Waboose von Seite 17! Dann besuchst Du auf Seite 22 den kleinen Regenwurm, um zu erfahren, was er gerade über Dich denkt. Er zeigt Dir das genau richtige Bild, das für Deine Seele heilsam ist. Schreibe die Botschaft auf einen kleinen Zettel und lies immer wieder mal nach, wenn die Gefühle außer Kontrolle geraten wollen!

Zum Schluss lässt Du Dich auf Seite 79 vom westlichen Hüter Mudjek-kewis und der kleinen wissenden Maus noch ein wenig trösten. Ja, das Leben ist manchmal hart und kaum zu ertragen. Aber es gibt immer einen Ausweg, auch wenn wir ihn nicht sofort finden. Die Maus mit ihrer niedlichen Spürnase kennt die Abgründe, aber sie kennt auch die Geborgenheit des Nestes. Das muss nicht immer die eigene Familie sein. Irgendwo, ganz nah (!!!), warten die Menschen, die Dein Leid lindern, die Dich schätzen, die Dich annehmen, wie Du wirklich bist. Sei Du selbst der/die ERSTE, die Dich liebt!!!

<u>Dies ist Deine zweite Lektion</u>
Den Weg des Vertrauens kann man nicht selber pflastern.
Man entdeckt ihn beim Gehen.

Dritter Schritt: Die Liebe entdecken

Der Sommer Deines Lebens ist vorangeschritten.
Wie fühlst Du Dich HEUTE?
Nimmst Du in Deiner Familie endlich den rechten Platz ein?
Wirst Du im Freundeskreis geschätzt?
Erlebst Du Dich als wertvoll, als zugehörig?
Hast Du einen liebevollen Partner, eine verständnisvolle Gefährtin ge-
funden, die Dich versteht, Deine Freude mit Dir teilt und auch in
schwierigen Zeiten zu Dir hält?
Liebst Du Dich selbst???

Lege fest die Arme um Dich selbst und spüre still in Dich hinein! Achte
auf alle Körpersignale, die sich melden!
Wie vertraut ist Dir diese Geste der Geborgenheit?
Kennst Du dieses Bei-Sich-Ankommen aus der Kindheit?
Wehrt sich etwas in Dir gegen eine solch intensive Berührung?
Erlebst Du eine tiefe unstillbare Sehnsucht nach einem bestimmten
Menschen, den Du verloren hat, den Du nicht erreichen kannst, der
Dich vielleicht nicht „mag", oder den Du nie kennenlernen durftest?

Jeder Hinweis ist jetzt wichtig für Dich! Registriere sorgfältig alle Regungen Deines Körpers: Tränen, Schwitzen, Frösteln, Herzschlag,
Schmerzen, Druck, Taubheit, Ohrgeräusche, Zittern, Schwindel, was
auch immer ….
Lege nun beide Hände sanft auf Deinen Schoßraum, oberhalb der Leisten. Es ist genau die Stelle, wo Du als Embryo im Leib Deiner Mutter
gelegen hast, genährt, gewärmt und geschützt vor den Unbilden der
Außenwelt. Du erreichst dieses kleine Kind noch heute in Dir selbst,
wenn Du ihm erlaubst, wirklich DA ZU SEIN.

Aktiviere Deine „innere Frau", Dein mütterliches, fürsorgliches Wesen,
indem Du vertrauensvoll mit Shawnodese, der Hüterin des Südens auf
Seite 65 Kontakt aufnimmst! Lass die kraftvolle, ausgleichende Energie
in Dich einströmen!

Bitte dann den Wolf, Dir sanft zu begegnen, Dir seine Kraft zu leihen und Dich den Weg der Liebe zu führen! Eines der Sommerbilder wird Dich noch genauer anleiten, welches Marschgepäck Du benötigst, um Deine individuelle Körperreise zu starten. Der Weg zu den betroffenen Stellen und Regionen führt immer mitten durch Dein bangendes, erwartungsvolles Herz in Deine heilenden Hände. Lege die pulsierenden Handflächen auf und lausche nach innen!

Ob Du bereits an der richtigen Stelle angekommen bist, kannst Du im Norden des Medizinrades auf Seite 28 überprüfen. *Was lehrt Dich Waboose, die fürsorgliche Hüterin? Erlaubst Du ihren Helfertieren, den Delfinen, Dich mit übermütigem Gelächter zu empfangen? Fühlst Du Dich unglaublich beschwingt und frei, eins mit allen Wesen?*
Wähle das jetzt gerade stimmige Blütenbild, lege die Blume mit geschlossenen Augen auf Dein Herz, dann auf die bittende Körperstelle! Wenn Du innerlich ganz ruhig geworden bist, liest Du Dir die zugehörige Botschaft der Pflanze laut vor.

Nach einigen Tagen aufmerksamer Körperbeobachtung wirst Du Dich bereit fühlen, Dich den Botschaften Deines Kopfes zu stellen, ohne vom allzu klugen Verstand überrumpelt zu fühlen. Dein väterliches geistiges Wesen weiß ja längst die Antwort auf alle Fragen, Zweifel und Ängste. Warum fällt es uns allen immer so schwer, auf diese innere Stimme zu hören!
Nütze jetzt diese Chance und besuche auf Seite 46 den östlichen Hüter des Medizinrades! Wabun schenkt Dir seine frühlingshafte Kraft, neu zu beginnen und innerlich aufzublühen. Lausche der Botschaft des winzigen Glühwürmchens und der Blume, die Du jetzt finden darfst! Erlaube Dir eine ganz neue Sichtweise! Lass Dich in den nächtlichen Himmel entführen hin zu Deinem neuen Sein!

Gönne Dir viel Ruhe und die unendliche Freiheit der Träume und Fantasien, die sich für Dich auftun! Erlaube Dir, dass in wunderbaren Bildern alles bereits WAHR ist, was Du Dir ein Leben lang so sehr gewünscht hast!

Das Beste daran ist, dass Du all diese Wünsche nicht alleine verwirklichen musst. Du hast Dir dieses Erdenleben nicht ausgesucht, um jeden Schritt in Einsamkeit und Askese zu verbringen. Oder etwa doch?

Versichere Dich im Westen bei Mudekeewis auf Seite 86, was für einen Lebensweg Du gehen darfst, um der Liebe Genüge zu tun, die in Deinem Herzen schlummert und immer mehr ans Licht drängt.
Bitte die westlichen Helfer in ihrer gemeinsamen geballten Ameisenkraft, Dir die noch fehlende Botschaft zu übermitteln! *Wo in der Gemeinschaft allen Seins ist Dein Platz, was ist Deine Aufgabe?*
Das zu tun, was für Dich und all die anderen Menschen auf Deinem Weg genau das Richtige ist, wird sich sehr leicht und stimmig anfühlen.

<u>Dies ist Deine dritte Lektion:</u>
Den Weg der Liebe darfst Du gemeinsam gehen.
Geben und Nehmen sind eins.
Das irdische Leben ist ein Verbund allen Seins.

Der Herbstanfang : Spirituelle Wege gehen

Erster Schritt: Gemachte Erfahrungen richtig einordnen

Egal wie schön und warm die Sonne noch scheint. Wenn der Sommer vorbei ist, beginnen wir uns unweigerlich Gedanken zu machen, manchmal mehr, als uns GUT tut.

Egal wie jung oder alt Du bist, der Mensch strebt immerfort nach tieferem Wissen, nach Selbstbestimmung, nach Dominanz. Die Erkenntnis, das Leben nicht wirklich selbst steuern zu können, ist schmerzhaft.

Wie gehst Du mit Deiner eigenen Ohnmacht um?

Fühlst Du Dich getrieben von äußeren Bedingungen, vom Schicksal betrogen?

Sind all Deine Anstrengungen vergeblich geblieben, alles nur verlorene Liebesmüh???

Besteht Dein größter Herzenswunsch darin, den wahren Sinn des Seins zu erkennen?

Möchtest Du die Dir schon immer zugedachte Aufgabe endlich finden? Willst Du glücklich sein???

Bist Du auf der Suche nach der einzig „richtigen" Religion, der zu Dir passenden Glaubensgemeinschaft??

Auf all diese Fragen findest Du Antwort im Westen des Medizinrades bei Mudjekeewis, der Dich wie kein anderer Geistführer zu Deiner wahren Mitte führen wird. Denn er steht aufrecht zwischen Himmel und Erde, verbindet so „leibhaftig" Tiere und Menschen, ist unserer inneren Natur so greifbar nahe.

Betrachte das Symbolbild des Grizzlybären auf Seite 72! Sprich den Namen Mudjekeewis mit Ehrfurcht aus und lasse den Klang in Deinen Ohren lange nachhallen! Lausche seiner Botschaft und den Anweisungen, die er Dir mithilfe des Wales zu geben vermag!

Vielleicht besteht unser größter menschlicher Fehler darin, aus unseren gemachten Erfahrungen falsche Schlüsse zu ziehen. Wähle nun ganz spontan das für Dich stimmige Pflanzenbild aus! Dein Freund, der Wal, erfahren in allen Lebenslagen, sogar UNTER Wasser (!), wird Dich dabei tragen und ertragen.

Falls es Dir nicht ganz so leicht erschien, unterzutauchen, kein Wunder, mir auch nicht! Da ist so viel alter Ballast, der uns immer wieder einholen mag. Wir können es uns ja regelrecht „beweisen", dass hier auf der Erde so vieles schiefläuft, was alles „unmöglich" ist, sogar „sinnlos" erscheint.

Vielleicht hilft Dir in diesem Moment am besten Waboose, die Mütterliche, aus der Patsche. Besuche sie auf Seite 17, atme Dich mit ihrer Hilfe tief in Deinen Körper und spüre nach, wie gut es tut, ganz bei dir selbst anzukommen. Du bist getragen und gehalten worden, schon so lange Zeit. Nach jedem Absturz hat Dich die Hüterin des Nordens wieder in die Arme genommen und Dir zugeflüstert: Mein Liebling, Du darfst leben, es ist für Dich gesorgt!

Falls Du glaubst, das stimmt nicht, befrage Deinen kleinen Freund, den Waschbären auf Seite 18.

Welche Gedanken, welche Erfahrungen gilt es loszulassen, um noch mal von vorn beginnen zu können. Was darfst Du erfahren, um die Erde als einen freundlichen Heimatort zu erfahren, auf dem es sich friedvoll und geborgen leben lässt?

Bitte darum, Deine Dir den Weg weisende Blüte zu finden!

Wenn Du mit Deinen Gedanken „klar Schiff" gemacht hast, alte überkommene Muster loslassen konntest und beginnst, ruhigere Gewässer zu befahren, kannst Du Dich neugierig, aber auch mit der genügenden Demut auf die Reise nach Osten machen. Was hat Dir Wabun (S. 35) aus der spannenden Sichtweise eines Steinadlers mitzuteilen?

Was genau sieht er, was hat Du bisher über-sehen??

Warum wolltest Du immer am genau RICHTIGEN Ort sein, den besten und angesehensten Dienst verrichten, alles wissen und erforschen?

Warum hast Du geglaubt, dass Wissen Macht ist?

Lass Dir auf Seite 34 vom Kolibri helfen, klare Sicht zu erhaschen, indem Du jetzt die passende Blüte für Dich wählst! Lausche nach innen, tief und geduldig!
Was hat Dich so aus dem Gleichgewicht gebracht, dass Du gestolpert bist, Deinen Auftrag vergessen, an Deine Berufung nicht mehr geglaubt hast? Was ist DEIN Auftrag???

Keine Bange, niemand verlangt jetzt, dass Du bereits die Weisheit „mit Löffeln gefressen hast" und auf solch tiefgreifende Fragen die rechte Antwort wüsstest, nicht einmal mit Hilfe der wundervollen Blüte, die Du gewählt hast.
Deshalb besuchst Du nun Deinen kleinen warmherzigen Freund, das Kaninchen auf Seite 51. Da es unter dem Schutz des umsichtigen südlichen Hüters Shawnodese und seinem Symboltier, dem Kojoten steht, kann es sich genüsslich zeigen und ausleben, in jede nur denkbare Richtung. Denkbar? Na ja, besser gesagt „fühlbare" Richtung. Denn wenn es sich so richtig GUT anfühlt, wirst Du die Blüten-Botschaft bereitwilliger annehmen, die Dich bereits erwartet.
So sonderbar es klingen mag: Spiritualität erfahren bedeutet zuerst einmal ganz banal: auf der Erde ankommen und sich hier in der Materie einzunisten. Man darf es nur nicht übertreiben.

<u>Dies ist Deine erste Lektion</u>
Erst wenn die Seele auf Erden, ZUHAUSE, angekommen ist,
erfährt sie sich als lebendiges Wesen, als Teil eines Großen Ganzen.
Dazu ist es nötig, in Fluss zu kommen und das Ego loszulassen,
besonders unseren größenwahnsinnigen Denkapparat!

<u>Zweiter Schritt: Gefühle annehmen und mit ihnen wachsen</u>

Vielleicht hast Du ein wenig nachgedacht über den Verlauf Deines turbulenten, nicht immer leichten Lebens.
Wie kommst Du klar mit der sich ständig wiederholenden Erfahrung, dass auf den Sommer der Herbst folgt und der Winter droht, dass jedes AUF mit einem AB „bezahlt" werden muss?
Wie gehst Du um mit den Gefühlen von Verlust, Bitterkeit und Verlassenwerden?
Macht sich Verzweiflung breit, jetzt, wo Du Dich so sehr nach Lebensfreude, Partnerschaft und Erfüllung Deiner Wünsche sehnst, wo Du gerne ernten würdest, wie Du es gerade noch draußen in der Natur beobachten konntest?
Findest Du in Deinem Leben die Tragkraft, die es braucht, mit den täglichen Schrecknissen unseres irdischen Seins zu Rande zu kommen, ohne einfach VON ALLEM „davonzulaufen"?

Wenn Du dieses Mal bei Mudjekeewis um Rat bittest, wirst Du Dich sehr klein, sehr verletzlich – und sehr verletzt (!!!) fühlen. Betrachte das Energiebild auf Seite 79, den heilsamen Kreis, das Pulsieren der Farben, lass Dich hineinziehen in den Strudel des ewigen Seins, zuerst mit weit geöffneten, dann mit geschlossenen Augen ...
Ganz innen bei DIR selbst eingekommen, sprichst Du die Worte: ICH BIN .....
Ich bin Teil aller Geschehnisse
Ich bin Teil jeglicher Schmerzen
Ich bin Teil eines Kommens und Gehens
Ich bin Teil vollkommener Freude
Ich bin Teil des großen Ganzen

Wenn Du nun die kleine Maus betrachtest, was siehst Du?
Begegne Deinem kleinen inneren Kind mit dem Staunen und der Unschuld eines Neugeborenen, mit der Neugier und der Liebe eines göttlich geschaffenen Wesens, das lustvoll unbekannte Tiefen erforscht, weil es noch keine Abgründe kennt!

Wähle die gerade jetzt stimmige Pflanze aus und trage ihre Botschaft im HERZEN, egal was der Verstand plappern mag.

Ein Zeichen beginnender Erlösung ist die aufkeimende Bereitschaft, um Hilfe zu bitten. Begib Dich also vertrauensvoll in die Arme einer wärmenden großen Mutter! Waboose, die Büffelfrau, erwartet Dich mit immenser Kraft und sanfter Geduld. (S.22.) Betrachte die leuchtenden Farben, lausche dem Versprechen, dass Dir alles bereits gegeben wurde, was Du zum Leben benötigst. Sogar die Kraft, in der scheinbaren Ausweglosigkeit weiterzuleben!
Dein unscheinbarer Freund, der Regenwurm, leitet Dich an, die befreiende Blüte auszuwählen, die Dich wieder zurück in die Ganzheit bringt. Du darfst Deine geistige Neugeburt mit einem kleinen Tanz feiern – wenn Du das möchtest. Ich bin mir sicher, dass Du bei diesem Lebenstanz dabei sein magst, lächel.

So bist Du bereits gut eingestimmt, auf Seite 41 mit Wabun den Höhenflug zu wagen und Dir aus ungewohnter Warte einen Überblick zu schaffen.
Wie nichtig wirken im großen Abstand die Sinkflüge und Abstürze, die Umwege und Stolperfallen, die Unterbrechungen und Unwägbarkeiten!
„Beginne neu", sagt Dir die weise Eule und dreht Dir mal ordentlich den Kopf zurecht! Schau auf beide Seiten, nach hinten, nach vorne!
Ist es nicht wirklich verrückt, wie unterschiedlich uns die Dinge erscheinen, weil wir sie EIN-seitig betrachten?! Ein „großer Geist" entscheidet zwar, aber er unterscheidet nicht, bewertet nicht, weil er weiß, dass in der Mitte ALLES EINS ist.
Pick Dir die zu Dir passende Pflanze heraus in dem Wissen, dass Deine Wahl in der scheinbar realen Wirklichkeit keinen Unterschied macht! Und doch ist diese Blume hier und jetzt genau richtig für Dich, nämlich richtungsweisend.

Gut ausgerüstet mit der Information Deiner gewählten Pflanze begegnest Du nun auf Seite 58 der Stille spendenden Energie von Shawnodese, dem Kojoten. Frage den Hüter des Südens, wo in Deinem Leben es Dir am nötigen Vertrauen gemangelt hat.

Bitte flüchte Dich jetzt nicht in die üblichen Ausreden: In dieser Familie, in dieser Gesellschaft, unter diesen besonderen Umständen hättest Du keine Chance gehabt, Urvertrauen zu entfalten ...

Denn Shawnodese zeigt einfach stumm auf den Lachs. Der schafft es ja auch, das Unmögliche, den Sprung nach oben, das Überwinden der Klippen, das Aufwärts gegen den Strom.

Bevor wir beide uns jetzt also in die Schmollecke setzen, lassen wir uns lieber von unserer ureigenen Herzensblume aufmuntern. Wer hätte besser und in schnellerer Abfolge erfahren, wie Werden und Vergehen, Blühen und Welken in unserem irischen Dasein einander abwechseln. Und dennoch ist sie schön, duftet sie, schmeichelt sie unseren Sinnen!!!

Fühle Dich ein, lass Dich tragen von der Essenz DEINER Blüte, atme ihr Wesen und erkenne Dich selbst darin:

DU bist schön, DU bist gewollt, DU bist wertvoll.

<u>Dies ist Deine zweite Lektion</u>
Vertraue darauf,
dass Du genau am richtigen Platz bist,
in der richtigen Familie,
in Beziehung zu den JETZT passenden Menschen,
im HEUTE stimmigen Beruf!
Vertraue auf die großen Zusammenhänge,
besonders dann, wenn Du den Sinn nicht verstehen kannst!

<u>Dritter Schritt: Die eigene Berufung leben</u>

Wie fühlst Du Dich? Jetzt hast Du so tapfer durchgehalten bis zum Schluss, hast so vieles erlebt, erduldet, erkämpft.
Bist Du im Frieden mit Dir und anderen, im Frieden mit Deinem Schicksal?
Haben sich Deine Wünsche verwirklicht, konntest Du die wundervollen Ziele erreichen, die Du Dir so hoffnungsvoll gesteckt hast?
Was fehlt Dir noch „zu Deinem Glück"???

 Besuche zum letzten Mal auf Seite 86 den Hüter des spirituellen Weges, Mudjekeewis. Betrachte die kreisförmig pulsierende Energie des sich ausdehnenden Universums, und daneben die kleine unbedeutend erscheinende Ameise, ein Insekt, das unachtsam mit Füßen getreten wird.
Ist das nun die Essenz unseres Weges: ein „Nichts" zu sein im unendlichen All??? Wenn sich Dein Ego jetzt angewidert abwendet, den eigenwilligen Kopf schüttelt und einen Wutausbruch startet, lass Dir gratulieren! Willkommen, Mensch, hier auf der Erde, lass uns gemeinsam tanzen, spielen und lachen! Lass uns zusammen das tun, was keine/r alleine bewirken kann! Der Kreis schließt sich. Mehr braucht es nicht. Sei nicht enttäuscht! Denn auch weniger braucht es nicht. Ohne Dein kleines unscheinbares Ich wäre das Rad nicht vollkommen. Nur GEMEINSAM sind wir stark. Nur ALLE können im Frieden leben, nie einer für sich allein!
Von den Ameisen geführt darfst Du Dir nun die Pflanze wählen, die Deiner Kleinheit Form, Größe und Macht verleiht. Erlaube Dir, DU SELBST zu sein, das genügt!

Stopp, hiergeblieben! Wie fühlt sich Deine Ameisengröße an:
Bist Du in der vollkommenen Freude und Leichtigkeit, in der Mühe-Losigkeit angekommen?
Oder melden sich noch einmal all die Gefühle, die Du bereits Hunderte von Malen hinter Dir gelassen hast: Angst, Trauer, Wut, Einsamkeit, Neid …. ?

Verzeih Dir den kleinen Rückfall ins „Frühere Leben"! Du bist Mensch, Du schleppst in jeder Zelle eine Menge Ballast mit Dir herum, aus Deinem Leben, Vorleben, dem Leben Deiner Vorfahren.

Betrachte noch einmal mit Rührung und Dankbarkeit auf Seite 28 die überbordende reichfließende Energie von Mutter Waboose! Auf dieser Erde für ALLE Wesen lässt es sich gut leben, kannst Du auf und unter Wasser gleiten wie die Delfine. Du musst nichts tun, nichts Großartiges vollbringen. Du darfst Dich einfach tragen lassen, und es wird sich leicht anfühlen.
Wähle nun ganz unbekümmert, ganz erwartungsfrei die passende Pflanze für DICH! Hier zählt weder Schönheit noch Form noch Duft. Sei DU SELBST, das genügt, das ist wundervoll. Genieße den persönlichen Duft Deiner Einzigartigkeit, den nur die wahrnehmen, die Dich erkannt haben!

Nun, was sagt Dein Ego zu diesem Spiel? Ist es zufrieden mit Dir und Deiner unscheinbar gewordenen „Größe"? Aufrichtige Gratulation! Dann kannst du hier das Buch schließen und Dich entspannt zurücklegen!
Aber es ist Dir auch niemand böse, wenn Du noch ein wenig verwirrt bist und zu grübeln beginnst. Irgendwie scheint alles eine Nummer zu groß, zu leicht, zu EINFACH!

Gönne Deinem Verstand die kleine Pause und besuche im Osten den all-wissenden Hüter Wabun, um die letzten Reste Deiner ver-rückten Gedankenmuster zu befrieden! Auf Seite 46 kannst Du diese befreiende schrankenlose Energie in Dich einfließen lassen. Mit Hilfe des Glühwürmchens und seiner lichtvollen Signale wirkst Du erkennen, was wirklich zählt. Lausche der Botschaft, die tief aus Deinem Herzen aufsteigt: Jeder winzige Moment Deines Lebens enthält die Essenz und den Sinn Deines Seins. Du musst nichts wissen, nichts tun. Sei einfach DU SELBST!

Hmm, ganz bei mir selbst …. das scheint einleuchtend.

Aber da bleibt noch ein winziger bohrender Rest: Es fühlt sich irgendwie einsam an, verloren in der unendlichen Weite, ohne Resonanz, ohne ermutigendes Feedback, ohne die tröstliche Umarmung eines liebenden und geliebten Wesens. Vielleicht fragst Du, ob nicht der Sinn unseres menschlichen Daseins im Miteinander, in der gegenseitigen Fürsorge besteht, im Austausch, im gemeinsamen Handeln. Hätte sich unsere Seele nicht den Weg ins irdische spürbare Leben gleich ganz ersparen können?

Befragen wir also nun zusammen ein wirklich ALLER-letztes Mal den Hüter des Südens. Begib Dich auf der Seite 65 in die Umarmung von Shawnodese, dem Kojoten, der wie kein anderer Hüter die Liebe zum Fließen bringt, uns einen gemeinsamen, friedvollen Weg beschreiten lässt, ohne Anstoß zu nehmen an den augenscheinlichen Unterschieden, der Kluft zwischen Arm und Reich, Groß und Klein, Sinn und Unsinn. Hier begegnet uns das uralte Menschenthema, dass wir uns schuldig fühlen, schon beim ersten Eintritt ins irdische Dasein.

Dies letzte und schmerzhafteste Hürde zu überwinden, braucht es tatsächlich eine un-menschliche Kraft. So führt uns also der Wolf, das scheinbar grimmige Raubtier hinein in die Gefilden einer fast überirdischen Liebe, die ihr Leben hingibt für andere, um die Art zu erhalten. Spüre die ungebündelte Kraft in Dir, das überschäumende Sein, die Kraft der Vergebung. ALLES darf GUT SEIN, wenn wir die Botschaft des Wolfsrudels akzeptieren: Ich bin der kleine, aber unverzichtbare Teil des GROSSEN GANZEN.

<u>Dies ist Deine dritte Lektion:</u>
Du kannst und darfst hier auf Erden
ALLES erreichen, was Du Dir je ersehnt und erträumt hast.
Aber bedenke: ALLES IST EINS.
Versöhnung und Heilung geschieht nicht in Deinem Kopf.
Gnade geschieht ohne Zutun.
Unser Anteil dabei heißt: Wir werden GEMEINSAM geführt.

Letzter Schritt: Umarme Deine Wünsche

Wir sind am Ende einer langen gemeinsamen Reise angelangt. Es ist Zeit, auszuruhen.
Ich hoffe, Du bist mit Dir zufrieden.
Was hast Du erlebt?
Wie fühlst Du Dich? Wo im Körper melden sich noch kleine Widerstände und Unpässlichkeiten?
Wie denkst Du über die gemachten Erfahrungen?

Oder stehen wir wieder genauso da wie am Anfang: erwartungsvolle kleine Kinder mit großen Augen, die hoffen, dass sich die Welt mit all ihren Wundern öffnet, dass es Geschenke regnet, dass alles gelingt wie von selbst???

STOPP! Genau das haben wir gemeinsam lernen dürfen:

Alles geschieht VON SELBST.
Wir können oder müssen nichts TUN.
Wir sind Empfangende, von Anbeginn Geliebte.
Das einzige, was es noch braucht, heißt
DANKE SAGEN

Nichtsdestotrotz sind frohgestimmte „Hausaufgaben" und Nacharbeiten erlaubt. Du wirst nicht in der Ecke sitzen und ständig warten wollen, was als Nächstes passiert. Du wirst nicht 24 Stunden am Tag meditieren.
Geh es einfach Schritt für Schritt an! Betrachte es als einen schönen Spaziergang durch die Natur Deines Seins. Begrüße die Geschehnisse, die Widerstände, die Freuden und Niederlagen wie Sonne und Regen!
Alles ist nötig - notwendend und heilsam.

Lebe den ständigen Wandel!

Dank

Wie immer gilt mein Dank meinem geistigen Vater Sun Bear, der mir das Herz für die Natur geöffnet hat. Danke an die wunderschönen hilfreichen Pflanzen- und Tierwesen! Aufrichtiger Dank an die Geistige Welt, die mich bei der Vorbereitung dieses Buches mit den genau richtigen Menschen zusammengeführt hat!

Danke an alle, die ihre Sorgen und Nöte mit mir geteilt haben und mit mir den Weg des Medizinrades gegangen sind! Danke an alle, die mir die genau passenden Fragen gestellt haben! Danke an alle, deren Kurse und Seminare besuchen durfte! Danke für die vielen liebevollen Umarmungen und die Nähe, die ich täglich spüren darf!!!

Literaturhinweise

Sun Bear & Wabun Wind:
Das Medizinrad, Goldmann Verlag, Arkana 1997

Sun Bear, Wabun Wind, Crysalis Mulligan:
Das Medizinrad Praxisbuch, Goldmann Verlag, Arkana 1997

Dirk Albrodt Hrsg.:
Illustrierte Enzyklopädie der Blütenessenzen und Illustrierte Enzyklopädie der einheimischen Blütenessenzen, Edition Tirta des REISE KNOW-HOW Verlages Peter Rump GmbH Bielefeld

Edition Methusalem:
Das große Lexikon der Heilsteine, Düfte und Kräuter
Methusalem Verlags - GmbH, Neu-Ulm

Kasparek Rita: Das Medizinrad als Schlüssel zum Glück: Teil 1-5, BoD

Verzeichnis der erwähnten Steine von A – Z

Verzeichnis der erwähnten Tiere von A – Z

Möchtest Du gerne die fließenden Energien am Medizinrad erleben, kannst Du im Seminarraum P-Angelis zusammen mit Gleichgesinnten üben.
Aktuelle Termine erfährst Du auf Nachfrage bei
kasparek.r@gmx.de oder auf htpps:// p-angelis.blogspot.com
Hier findest Du auch tägliche Impulse, um im Sinne des Medizinrades selbst aktiv zu werden.

Wollt ihr wissen, wie eine Medizinrad-Lehrerin ihren ganz gewöhnlichen Alltag verbringt? Hierzu noch ein paar Buchvorschläge zur Entspannung:

Reihe: Lachen und Weinen mit Marlene

Band 1:
Ausschnaufffen im Altweibersommer - Marlenes Seelen-Bratgeber
ISBN 978-3-7392-1437-5,

Band 2:
Abschied ist das Allerletzte - Marlenes Trauer-Bratgeber
ISBN 978-3-8693-7238-9

Band 3:
Glücklich in jeder Beziehung - Marlenes Kuschel-Bratgeber
ISBN: 978-3-7481-4837-1